ARBEITSGEMEINSCHAFT FÜR FORSCHUNG
DES LANDES NORDRHEIN-WESTFALEN

GEISTESWISSENSCHAFTEN

124. SITZUNG
AM 15. JUNI 1966
IN DÜSSELDORF

ARBEITSGEMEINSCHAFT FÜR FORSCHUNG
DES LANDES NORDRHEIN-WESTFALEN

GEISTESWISSENSCHAFTEN

HEFT 137

KARL HEINRICH RENGSTORF

Die Re-Investitur des Verlorenen Sohnes
in der Gleichniserzählung Jesu Luk. 15, 11-32

HERAUSGEGEBEN
IM AUFTRAGE DES MINISTERPRÄSIDENTEN HEINZ KÜHN
VON STAATSSEKRETÄR PROFESSOR Dr. h. c. Dr. E. h. LEO BRANDT

KARL HEINRICH RENGSTORF

Die Re-Investitur des Verlorenen Sohnes
in der Gleichniserzählung Jesu Luk. 15, 11-32

WESTDEUTSCHER VERLAG · KÖLN UND OPLADEN

© 1967 by Westdeutscher Verlag, Köln und Opladen

Gesamtherstellung: Westdeutscher Verlag · Printed in Germany

Palast von Mari: Investitur-Szene (?) mittels Ring und Stab (um 1758 v. Chr.)

Professor D. Dr. Leonhard Rost
zur Vollendung des 70. Lebensjahres
am 30. 11. 1966
als Zeichen des Dankes
für langjährige freundschaftliche Arbeitsgemeinschaft

INHALT

1. Zur Methode und zum Stand der Erforschung der Gleichnisse Jesu im Blick auf Luk. 15, 11ff. 9
2. Haltung und Verhalten des Vaters des Verlorenen Sohnes bei dessen Rückkehr aus der Fremde 14
3. Die von dem Vater angeordneten Maßnahmen und ihr Sinn 18
4. Der rechtliche Charakter der Kategorie des „verlorenen" Sohnes und seine Verwurzelung im Institut der $k^e ṣāṣāh$ 21
5. Die Ausstattung des „verlorenen" Sohnes mit Gewand, Ring und Schuhen in ihrer Problematik 27
6. Die Symbolik der Begabung mit dem Ring 30
7. Gewand, Ring und Schuhe als konstitutive Elemente der Re-Investitur des „verlorenen" Sohnes als Sohn wie zuvor 39
8. Erwägungen zur Herkunft des Erzählungsstoffes 51
9. Das theologische Problem 62

Summary 70

Résumé 73

Abbildungsteil 77

1. Zur Methode und zum Stand der Erforschung der Gleichnisse Jesu im Blick auf Luk. 15, 11 ff.

Es ist das bleibende Verdienst des bedeutenden Marburger Theologen Adolf Jülicher (1857–1938)[1], eines Meisters auf den beiden eng miteinander verbundenen Gebieten des Neuen Testaments und der Geschichte der Alten Kirche, wenn sich die wissenschaftliche Beschäftigung mit den Gleichnissen, die in der evangelischen Überlieferung mit Jesus von Nazareth verbunden sind, seit nun schon mehr als zwei Menschenaltern auf methodisch sicherem Boden vollziehen kann. In seinem epochemachenden zweibändigen Werk über die Gleichnisse Jesu hat er noch im ausgehenden vorigen Jahrhundert[2] für deren Auslegung die ihr bis dahin fehlenden festen Grundlagen geschaffen. Er knüpfte an Beobachtungen an, die schon früher gemacht, aber niemals systematisch aufgearbeitet waren, nahm vor allem eine von Bernhard Weiss (1827–1918)[3] schon seit 1861[4] unentwegt vertretene, jedoch nicht zu allgemeiner Anerkennung gebrachte Erkenntnis

Vorbemerkung: Der am 15. Juni 1966 gehaltene Vortrag wurde für den Druck erweitert, unter anderem durch den ganzen ersten Abschnitt, der in die Frage der Methode der Gleichnisexegese einführt, aber auch, unter Berücksichtigung von nach dem Vortrag geäußerten Wünschen, in den beiden letzten Abschnitten, die sich mit der Frage der Herkunft des hier verwendeten Erzählungsstoffes und seiner religionsgeschichtlichen Bezüge sowie mit dem theologischen Problem von Luk. 15, 11 ff. beschäftigen. Dabei wurden Fragen und Anregungen aus der dem Vortrag folgenden Diskussion, darunter solche von *Alfred Adam, Hermann Conrad, Eleanor von Erdberg-Consten, Gerhard Kegel, Bernhard Kötting* und *Georg Strecker,* dankbar zum Anlaß genommen, das vorgelegte Material zu vervollständigen und die daran anschließenden Ausführungen da und dort teils zu präzisieren, teils zu vertiefen.

[1] Vgl. über ihn seine „Selbstdarstellung", in: *Erich Stange* (Hrsg.), Die Religionswissenschaft der Gegenwart in Selbstdarstellungen IV, Leipzig 1928, S. 159 ff.
[2] *Adolf Jülicher*, Die Gleichnisreden Jesu. Erster Teil: Die Gleichnisreden Jesu im allgemeinen, Tübingen 1888 (2. neu bearbeitete Auflage, Tübingen 1899); Zweiter Teil: Auslegung der Gleichnisreden der drei ersten Evangelien, Tübingen 1899.
[3] Autobiographie: *Bernhard Weiß*, Aus neunzig Lebensjahren, Leipzig 1927.
[4] Über das Bildliche im Neuen Testamente, in: Deutsche Zeitschrift für christliche Wissenschaft und christliches Leben, Neue Folge 4 (1861), S. 309–331.

auf⁵ und führte sie ebenso umfassend wie selbständig weiter. So vermochte er unter sorgfältiger Beachtung des Wesens des Gleichnisses als Redeform schlüssig nachzuweisen, daß man den Gleichnisreden Jesu methodisch nur dann gerecht werden könne, wenn man sie „eigentlich"⁶, nämlich als in sich selbst konsistent verstehe, das heißt, wenn man weder hinter ihren einzelnen Bildelementen noch auch hinter den aus ihnen resultierenden Kompositionen schon a priori einen eigenen tieferen, über sich selbst hinausweisenden Sinn annehme. Zum Beweis seiner These konnte er an Hand zahlreicher Beispiele zeigen, daß es, wo immer dieser Einsicht nicht sorgfältig Rechnung getragen werde, notwendig zu mehr oder weniger willkürlichen, weil durch die Subjektivität des Auslegers bestimmten Interpretationen komme.

Damit war ein entscheidender Schritt voran getan. Einerseits war nunmehr der bis dahin üblichen, vor allem im Mittelalter gepflegten allegorischen oder doch allegorisierenden Methode der Erklärung der Gleichnisse Jesu prinzipiell ein Ende gemacht. Andererseits aber war gesichert, daß die Gleichnisreden Jesu – und zwar in ihren verschiedenen Formen als „Gleichnisse", „Parabeln" und „Beispielerzählungen"⁷ – ihren Sinn nicht in sich selbst, sondern in einer ihnen beigelegten Funktion haben, die sich mehr oder weniger deutlich aus der Situation erkennen läßt, in der sie gebildet worden sind: Ihre Aufgabe ist es, etwas Bestimmtes zu verdeutlichen, zu veranschaulichen, ja überzeugender zu machen, wenn nicht gar zu beweisen⁸, dies allerdings nicht im Sinne durchschlagender rationaler Argumente für irgendwelche christliche Wahrheiten, sondern als sorgfältig

---

⁵ Vgl. dazu *Jülicher* selbst: Gleichnisreden I², S. 318ff.

⁶ So *Jülicher*, a.a.O., I², S. 49ff. und passim. *Weiß* drückte das weniger prinzipiell, aber deshalb nicht weniger verständlich aus, wenn er sowohl die Konkretheit als auch die Selbständigkeit des Vergleichsmaterials gegenüber dem Verglichenen in dem in Anm. 4 genannten Aufsatz nachdrücklich hervorhob.

⁷ Vgl. zu dieser Klassifizierung *Jülicher*s seine ausführlichen Darlegungen a.a.O., I², S. 25ff. Sie kann hier auf sich beruhen, obwohl sich ein Vergleich mit den von *Weiß* in seinem in Anm. 4 genannten Aufsatz benutzten Kategorien der bildlichen bzw. sinnbildlichen Rede (S. 315), des Gleichnisses (S. 318) und der Gleichniserzählung (S. 324) lohnen würde. Immerhin mag, da *Jülicher* die Erzählung vom Verlorenen Sohn (Luk. 15, 11 ff.) zu den Parabeln rechnet, seine Definition dieser Gattung hier mitgeteilt werden (a.a.O., S. 98): „Sie ist die Redefigur, in welcher die Wirkung eines Satzes (Gedankens) gesichert werden soll durch Nebenstellung einer auf anderm Gebiet ablaufenden, ihrer Wirkung gewissen, erdichteten Geschichte, deren Gedankengerippe dem jenes Satzes ähnlich ist."

⁸ Vgl. *Jülicher*, a.a.O., I², S. 105, hier unter Aufnahme von Formulierungen von *Bernhard Weiß*, Das Leben Jesu, Berlin 1882, I, S. 496.

bedachte und durchgeformte Hilfsmittel bei deren Verkündigung in Predigt, Katechese und Streitgespräch. So dient die Gleichnisrede Jesus dazu, um je auf eine besondere Weise seine Gedanken über das Reich Gottes zu veranschaulichen, zu begründen, zu vertiefen oder zu festigen[9].

Indes, so gewiß ADOLF JÜLICHER einer naiven allegorischen Auslegung der Gleichnisse Jesu für immer den Boden entzogen hat, so gewiß ist er doch selbst bei seinen Bemühungen um die präzise Erfassung ihrer Zielsetzung weithin nicht über ziemlich allgemeine und farblose Sätze hinausgekommen, die auch jeder andere als Jesus hätte aufstellen und vertreten können. So erklärt er zum Beispiel Jesu Gleichnis von den zehn zur Hochzeit geladenen Jungfrauen, von denen sich fünf als töricht, fünf aber als klug – weil anders als jene der Situation gewachsen – erweisen (Matth. 25, 1 ff.), in der Weise, hier handele es sich „ursprünglich", also in der Fassung des Gleichnisses durch Jesus selbst[10], um „eine einfache, jedermann einleuchtende Geschichte, an der Jesus bloß die verhängnisvolle Thorheit einer halben Vorbereitung, die im entscheidenden Moment nicht fertig ist, illustrieren wollte"[11]; indes habe schon die frühe Christenheit die Parabel durch die Identifizierung des Bräutigams mit dem auferstandenen Jesus allegorisch „angefüllt", wie aus der Form hervorgehe, in der sie nunmehr bei Matthäus vorliegt[12].

Diese Erklärung ist ebenso wie andere ähnliche Erklärungen[13] zu ihrem Teil eine zwangsläufige Folge dessen, daß JÜLICHER bei der Erarbeitung seiner Gleichnistheorie zu stark abstrakt-begrifflich verfahren ist. Er hat, um seiner Theorie willen, zu wenig bedacht, daß es Jesus jedenfalls nicht darum gegangen ist, ebenso vernünftige wie empfehlenswerte Lebensregeln zu erhärten, um zu ihrer Befolgung zu veranlassen, ob auch im Rahmen

---

[9] Vgl. *Jülicher*, a.a.O., etwa S. 146, 182.
[10] *Jülicher* hält einen großen Teil der Gleichnisreden Jesu für schon sehr bald im Sinne ihrer Allegorisierung überarbeitet (vgl. a.a.O., I, S. 183 ff.; II passim) und sieht seine Aufgabe nicht zuletzt darin, das Ursprüngliche an ihnen mit Hilfe seiner Gleichnistheorie wiederzugewinnen.
[11] A.a.O., II, S. 457.
[12] Ebd.
[13] So bestimmt er für die „Parabel" von den beiden ungleichen Brüdern (Matth. 21, 28 ff.; Luk. 7, 29 f.) das tertium comparationis als „die Wertung der Diskrepanz von Reden und Thun" (II, S. 385). Oder etwa das „Gleichnis" vom Hausbau am Schluß der Bergpredigt (Matth. 7, 24 ff.; Luk. 6, 47 f.) soll nach ihm „veranschaulichen, wie es immer und überall, also auch in der Religion, zu einem schlimmen Ende führt, wenn man nur einen Teil der erforderlichen Pflichten erfüllt, wenn man anfängt, und nicht vollendet, das Leichte thut und das Schwere, weil es im Augenblick entbehrlich erscheint, etwa unterläßt" (II, S. 266).

einer kindlich-schlichten Frömmigkeit. Aber ganz abgesehen davon hat JÜLICHER auch nicht oder doch nicht hinreichend in Rechnung gestellt, daß im Mittelpunkt des gesamten Wirkens Jesu nicht sosehr das Problem der richtigen Lebensführung und -bewältigung gestanden hat als vielmehr die Vermittlung und Begründung eines Glaubens an Gott, wie er seinem eigenen Verhältnis zu ihm entspricht. Endlich hat er viel zuwenig berücksichtigt, daß alles, was Jesus gesagt und getan hat, für die Überlieferung von ihm unablösbar von seiner Person ist, daß dies nicht auf nachträglicher Konstruktion beruhen kann und daß es deshalb auch von Bedeutung für das grundsätzliche Verständnis seiner Gleichnisse, diese im weitest möglichen Sinn des Wortes genommen, sein muß. So ist es kein Zufall, wenn das Jesus-Bild, das sich aus JÜLICHERS Auslegung der Gleichnisse Jesu ergibt, in einer nicht ohne weiteres auszugleichenden Spannung mit dem Verkündiger Jesus bleibt, wie er sich etwa in dem in der Bergpredigt (Matth. 5–7) gesammelten und geordneten Spruchgut präsentiert. Von der Glut jener Botschaft, durch die Jesus die Nähe des Endes aller Dinge, die Verkehrung aller Maßstäbe und die Umwertung aller landläufigen Werte ansagte[14], ist bei JÜLICHER so gut wie nichts geblieben. Daher hat an diesem Punkt nicht allein eine sachlich berechtigte Kritik seiner Thesen wie der Ergebnisse seiner Gleichnisexegese eingesetzt, sondern auch – bei gleichzeitiger bereitwilliger Aufnahme seiner grundlegenden Einsichten – die weitere Forschung.

Nun ist es natürlich nicht möglich, in der Einleitung zu der Behandlung eines sehr speziellen Einzelproblems der Gleichnisauslegung auf den Gang und den Stand der Gleichnisforschung in voller Breite einzugehen[15]. So mag es genügen, wenn hier die einschlägigen Arbeiten und Ergebnisse von zwei bedeutenden zeitgenössischen Gelehrten zur Sprache kommen, die beide, je auf besondere Weise, das Verständnis der Gleichnisse Jesu im ganzen wie im einzelnen wesentlich gefördert haben. Es handelt sich um den Engländer CHARLES HAROLD DODD und um den Deutschen JOACHIM JEREMIAS. Beide sind von dem durch JÜLICHER gelegten Grunde ausgegangen; beide haben wichtige neue Gesichtspunkte beigebracht, beide aber

---

[14] Vgl. nur Mark. 1, 22; Matth. 7, 28f.; Luk. 4, 32 und dazu *Charles W. F. Smith*, The Jesus of the Parables, Philadelphia 1948, S. 17: „No one would crucify a teacher who told pleasant stories to enforce prudential morality" (zitiert nach *Joachim Jeremias*, Die Gleichnisse Jesu, zuerst: Zürich 1947, jetzt: [6]Göttingen 1962, S. 17).
[15] Man vgl. den Überblick von *Nils Astrup Dahl*, in: Die Religion in Geschichte und Gegenwart[3], II (1958), Sp. 1618f.

auch mit Erfolg versucht, die allzu einseitige, weil abstrakt-begriffliche, Betrachtungsweise Jülichers zu modifizieren bzw. sie zuerst von störenden Elementen zu befreien, um sie dann sachgemäß weiterzuentwickeln.

Die Leistung von Dodd besteht darin, daß er es zwar nicht als erster überhaupt[16], daß er es aber doch zuerst mit der unerläßlichen breiten Begründung unternommen hat, die Gleichnisse Jesu innerhalb seines Lebens und Wirkens zu verankern, um sie von da aus in ihrer eigentlichen Intention verständlich zu machen; in Verbindung damit hat er erkannt und nachgewiesen, wie sehr sie in das von seiner Person und von der Art seiner Verkündigung unablösbare Eschatologische, also in das mit ihm angebrochene Neue, Unbedingte und Endgültige, eingebettet und von da aus motiviert sind[17].

Diese neuen Erkenntnisse, wie sie Dodd lediglich mittels der Gleichnisse Jesu vom Reiche Gottes gewonnen hatte[18], hat dann Jeremias[19] auf die Gesamtheit der Gleichnisse Jesu ausgedehnt. Dabei hat er mittels formgeschichtlicher Untersuchungen zeigen können, daß die Gleichnisse Jesu einen doppelten „Sitz im Leben" haben, nämlich einmal im Leben Jesu selbst und zum anderen im Leben der Gemeinde, die sie aufgenommen und nun ihrer eigenen Verkündigung eingeordnet hat[20]. Er ist weiter mit Hilfe einer sehr genauen Einzelexegese selbst den scheinbar unbedeutendsten Kleinigkeiten in den Texten sorgfältig nachgegangen. Zu diesem Zweck hat er ein schier unübersehbares Vergleichsmaterial der verschiedensten Art gesammelt und ausgewertet. Nicht zuletzt dadurch hat er wesentliche Beiträge zur Weiterführung der Forschung geleistet, sofern er auf diese Weise die weitere Präzisierung der Einzelauslegung ermöglicht hat, die ihrerseits das beste Bollwerk gegenüber der immer latent vorhandenen Versuchung zur Allegorese ist. Dies allein schon gibt dem Buch von Jeremias über die Gleichnisse Jesu den Charakter eines Standardwerkes und macht es zum Ausgangspunkt für alle künftige

---

[16] Der erste in dieser Hinsicht ist *A. T. Cadoux* gewesen: The Parables of Jesus. Their Art and Use, New York 1931.

[17] *Charles Harold Dodd*, The Parables of the Kingdom, London 1935, rev. ed. (viele Nachdrucke), ebd. 1936 ff. – hiernach wird zitiert –, besonders S. 111 ff. bzw. S. 154 ff. *Dodd* hat bezüglich der Botschaft der Gleichnisse Jesu die berühmt gewordene Formel „realized eschatology" geprägt (a.a.O., S. 198).

[18] Daher auch der Titel seiner Untersuchung (s. Anm. 17).

[19] Seine Untersuchung ist bereits in Anm. 14 genannt.

[20] *Jeremias*, a.a.O., S. 29 ff.

Beschäftigung mit seinem Gegenstand. Seine Bedeutung beruht indes nicht weniger darauf, daß es auch dem theologischen Problem, das Jesu Gleichnisse als *seine* Gleichnisse aufwerfen, in Weiterführung des Ansatzes bei Dodd umfassend Raum gibt und sich dessen Lösung ebenfalls zu fördern angelegen sein läßt[21]. Hierbei legt Jeremias den Nachdruck darauf, daß alle Gleichnisse Jesu von Haus aus bezwecken, ihre Hörer zu „zwingen, zu Seiner Person und Seiner Sendung Stellung zu nehmen"[22]. Sie gelten ihm daher im Sinne des Wortes als christologische Selbstzeugnisse Jesu[23]. Und dabei wieder geht es ihm vor allem um die Begegnung mit dem „historischen" Jesus in seiner Verkündigung[24].

Es bleibt in der Linie, die in diesem kurzen Überblick über den Gang und den gegenwärtigen Stand der Erforschung der Gleichnisse Jesu aufgezeigt worden ist, wenn nunmehr versucht werden soll, einen einzelnen Zug in Jesu Gleichnis vom Verlorenen Sohn (Luk. 15, 11 ff.) präziser zu erfassen, als es bis jetzt geschehen ist, und das Ergebnis für das Gesamtverständnis des Gleichnisses, also für die richtige Bestimmung seiner theologischen Intention, fruchtbar zu machen. In diesem Einzelzuge handelt es sich um die verschiedenen Anordnungen, die der Vater des Verlorenen Sohnes bei dessen Rückkehr trifft. Eine nähere Beschäftigung gerade mit ihnen lohnt sich, wie ich zeigen zu können hoffe, aus verschiedenen Gründen. Einmal eröffnen sich von ihnen aus weitreichende Perspektiven kultur- und rechtsgeschichtlicher Art; zum anderen liegt hier doch wohl der Schlüssel, der den Zugang zur eigentlichen Zielsetzung des Gleichnisses freigibt.

2. Haltung und Verhalten des Vaters des Verlorenen Sohnes bei dessen Rückkehr aus der Fremde

Um den erforderlichen Zugang zu unserem Gegenstande zu gewinnen, empfiehlt es sich, daß wir uns zunächst das Gleichnis vom Verlorenen Sohn vergegenwärtigen. Dies ist sogar unerläßlich, weil es sich um ein Gleichnis von gleich großer innerer wie äußerer Geschlossenheit handelt.

---

[21] *Jeremias*, a.a.O., S. 115 ff.
[22] *Jeremias*, a.a.O., S. 227.
[23] Von da aus sind ihm Jesu Gleichnisse nicht wie für *Dodd* (vgl. oben Anm. 17) Ausdruck der „realized eschatology", sondern der „sich realisierenden Eschatologie" (a.a.O., S. 227).
[24] Vgl. *Jeremias*, a.a.O., passim, besonders S. 18 und S. 114.

Das Gleichnis konfrontiert mit dem wechselvollen Wege eines Sohnes aus wohlhabender Familie. Es beginnt mit der Mitteilung, dieser Sohn, der Jüngere von zwei Brüdern, habe sich – Gründe werden nicht angegeben – von seinem Vater auszahlen lassen und sei in die Fremde gezogen; dort sei er infolge von Zuchtlosigkeit verkommen und habe sich genötigt gesehen, unter denkbar entwürdigenden Umständen, nämlich als Schweinehirt[25], sein Leben zu fristen. In dieser Lage, so heißt es weiter, habe er sich seines Vaters erinnert und sich entschlossen, in die Heimat zurückzukehren, und diesen Entschluß habe er auch alsbald in die Tat umgesetzt. Dabei sei er sich allerdings darüber im klaren gewesen, daß er in keiner Weise damit rechnen könne, wieder zu seiner früheren Stellung im Vaterhause zu kommen. So habe er sich auch ganz bewußt darauf eingestellt, daß er, wenn er überhaupt wiederangenommen werde, zufrieden zu sein habe, wenn er dort untergeordnete Arbeit und das Nötigste zum Leben erhalte.

Das Überraschende ist nun, wie die Erzählung in ihrem Fortgang den Vater sich verhalten läßt. Er läßt nämlich den Heimkehrenden nicht zu sich kommen; vielmehr eilt er ihm, als er seiner ansichtig wird, entgegen – ein Verhalten, das normalerweise „für einen betagten Orientalen ganz ungewöhnlich und unter seiner Würde"[26] ist –, so daß die Wiederbegegnung noch außerhalb des Hauses erfolgt, und umarmt und küßt ihn. Der Sohn kann sich ihm also nicht, wie er es sich vorgenommen hatte, mit der Bitte um Vergebung und Wiederaufnahme zu Füßen werfen. Aber damit nicht genug! Der Vater läßt ihn, als es ihn doch zum Bekenntnis seiner Schuld und seiner Unwürdigkeit drängt, nicht einmal zu Ende sprechen. Und mehr noch: Er gibt sofort seinen Haussklaven, die offenbar als herbeigeeilt und als aufgeregte Zeugen der ebenso unerwarteten wie ungewöhnlichen Szene zu denken sind, den Befehl, den heruntergekommenen Ankömmling kostbar auszustatten und darüber hinaus aus Anlaß seiner Heimkehr die für ein großes Freudenfest notwendigen Vorbereitungen zu treffen: „Nehmt schnell das erste Gewand ($\sigma\tau o\lambda\grave{\eta}\ \acute{\eta}\ \pi\rho\acute{\omega}\tau\eta$) hervor und kleidet ihn an und tut ihm einen Ring an seine Hand und Schuhe an seine

---

[25] Man bedenke, was das ausgerechnet für einen Juden, als der der Ausgewanderte doch zu denken ist, heißt!
[26] So mit Recht *Jeremias*, a.a.O., S. 130. Vgl. schon *Leslie Weatherhead*, In Quest of a Kingdom, Nashville 1944, S. 90.

Füße! Bringt auch das gemästete Kalb und schlachtet[27] es! Und dann wollen wir beim Mahle uns der Freude hingeben!"

Der Vater gibt aber nicht nur diese Anweisungen, die für den Sohn wie für das Gesinde gleich überraschend erfolgen, sondern er begründet sie auch. Die Begründung wird darin gefunden, daß – wie der Vater es ausdrückt – der nun heimgekommene Sohn tot war und nun wieder lebendig geworden ist, daß er ein Verlorener war, aber nun wiedergefunden wurde. Das ist natürlich bildhafte Rede; dazu ist sie so mit Anschaulichkeit geladen, daß sie ihren Eindruck auf Hörer und Leser nicht verfehlen kann. Ist es aber nicht auch hyperbolische Rede? Daß es sich hier um einen „verlorenen" Sohn handelt, das leuchtet wohl ein, auch dann, wenn wir uns darüber klar sind, daß, wenn wir im Deutschen von „verlorenen" Söhnen oder auch Töchtern sprechen, das auf einer Beeinflussung unserer Sprache durch unser Gleichnis beruht und daß es nicht etwa umgekehrt ist[28]. Aber wieso kann nun von dem „verlorenen" Sohn auch noch gesagt werden, daß er tot war, und das sogar an erster Stelle? Ist hier, vollends angesichts der Verbindung der beiden Bilder, mit der Annahme emphatischer Ausdrucksweise überhaupt durchzukommen? Wirkt, was der Vater sagt, nicht eher vorgeprägt? Worauf aber wäre, wenn es so ist, angespielt? Wir müssen diese Fragen schon hier stellen, weil sie sich einfach aufdrängen. Ganz unverkennbar liegt nicht nur bei der Begründung des Vaters für sein Verhalten als solcher besonderes Gewicht, sondern auch bei der Art und Weise, wie sie formuliert ist. Das geht mit aller Sicherheit daraus hervor, daß sie im zweiten Teil des Gleichnisses fast wörtlich noch einmal von dem Vater gegeben wird.

Das Gleichnis kommt nämlich nicht schon damit zu seinem Ende und Ziel, daß die väterlichen Anordnungen ausgeführt werden. Es hat noch eine Fortsetzung, sofern das plötzlich inszenierte Fest den Protest des älteren, zu Hause gebliebenen und seinen täglichen häuslichen Pflichten hingegebenen Sohnes hervorruft, so daß der Vater genötigt ist, auch ihm gegenüber noch einmal in der früheren Weise zu begründen, weshalb er seine Anordnungen gegeben hat. Damit schließt das Gleichnis. Es wird

---

[27] θύειν ist eigentlich „opfern" (so auch Mark. 14, 12; 1. Kor. 5, 7; vgl. Luk. 22, 7), kann aber auch bloßes „schlachten" sein (vgl. Matth. 22, 4; Apg. 10, 13; 11, 7). Vgl. indes noch unten S. 55.

[28] Die englische Bibel spricht vom „prodigal son", legt also den Nachdruck nicht auf das, was aus dem Sohn wurde, sondern auf das, was er tat bzw. sich zuschulden kommen ließ. Entsprechend nennt ihn die französische Übersetzung „le Fils prodigue" oder „l'Enfant prodigue".

also nicht etwa noch mitgeteilt, welches Ergebnis das Gespräch des Vaters mit dem älteren Sohn gehabt hat. Statt dessen steht an seinem Ende, alles beherrschend, die Gestalt des Vaters als das, was er eben ist und sein will – als Vater.

Das für alles Weitere Grundlegende ist nun dies: Wir haben in unserem Gleichnis ganz sicher keine Allegorie vor uns, sondern eine Erzählung, die sich, so gewiß sie an ihrem Ort bei Lukas über sich selbst hinausweist, unverhüllt als eine „Erzählung aus dem Leben" präsentiert. Das geht nicht allein aus der Schilderung des Milieus hervor, die außerordentlich lebensnah ist und fast in jedem Zuge reale Verhältnisse reflektiert. Vor allem ergibt es sich aus den Worten, die die Erzählung den „verlorenen" Sohn zweimal sprechen läßt, nämlich einmal zu sich selbst in seinem Elend und einmal zu seinem Vater, als dieser ihn in seine Arme schließt: „Vater, ich habe gegen den Himmel und gegen dich gesündigt!" In diesem Satz wird der unmittelbar angeredete Vater mit aller Deutlichkeit von Gott unterschieden, der sich, wie es im Judentum der Zeit üblich ist, hinter dem „Himmel" als umschreibender Bezeichnung für ihn verbirgt[29]. Das Gleichnis selbst schließt es somit aus, daß der in ihm figurierende Vater als mit Gott identisch anzusehen sei. Wenn das dennoch in der Geschichte der Exegese immer wieder geschehen ist, als könne es gar nicht anders sein[30], so steht das also offensichtlich im Widerspruch mit dem, was der Text besagt.

Wie wir es in unserem Gleichnis mit einer als Gleichnis verwendeten wirklichen Erzählung zu tun haben, so stehen auch alle seine einzelnen Züge in fester Beziehung zu dem vorausgesetzten Milieu. Ist es aber so, dann muß es für das Verständnis dieses Gleichnisses von höchster Bedeutung sein, ob es gelingt, seine Lebensbezüge so vollständig wie möglich aufzuhellen. Was dies betrifft, so hat JOACHIM JEREMIAS in seinem bereits zitierten Gleichnisbuch ganz erheblich zur Lösung dieser Aufgabe beigetragen[31]. Allerdings bedarf gerade das, was er hinsichtlich der verschiedenen Anordnungen des Vaters anläßlich der Rückkehr des Sohnes und hinsichtlich ihrer Begründung durch ihn selbst ausgeführt hat[32], nicht nur der Ergänzung, sondern in gewisser Weise auch der Korrektur. Wenden wir uns also nunmehr diesem Teil unseres Gleichnisses zu!

[29] Vgl. dazu *Jeremias*, a.a.O., S. 128. Vgl. auch *Cadoux*, a.a.O., S. 45: „... a story intelligible and complete in itself".
[30] Näheres bei *Jülicher*, a.a.O., II, S. 334.
[31] *Jeremias*, a.a.O., S. 128 ff.
[32] A.a.O., S. 130.

3. *Die von dem Vater angeordneten Maßnahmen und ihr Sinn*

Die erste Frage, die uns nunmehr zu beschäftigen hat, betrifft die Zahl der väterlichen Anweisungen aus Anlaß der Heimkehr des Sohnes. Durchgängig unterscheidet man deren drei: eine erste mit Bezug auf die Bekleidung des Heimkehrenden, eine zweite mit Bezug auf seine Ausstattung mit Ring und Schuhwerk und endlich eine dritte, die auf die Herrichtung eines Festmahls abzielt[33]. Es wird indes richtiger sein, hier nur zwei verschiedene Befehle zu erkennen, und zwar einfach deshalb, weil es zwei Gruppen des Personals sind, die jeweils hinsichtlich ihres Aufgabenbereichs angesprochen werden. Die erste Gruppe besteht aus solchen Haussklaven, denen die Obsorge für die Kleidung und für die Wäsche des Hauses obliegt; unter ihnen ist auch der mit besonderem Vertrauen bedachte Sklave, der Zugang zu dem Ring besitzt, den der zurückgekehrte Sohn erhalten soll – vielleicht handelt es sich bei ihm sogar um einen Sklaven, der in der Position eines οἰκονόμος an der Verwaltung von Besitz und Vermögen seines Herrn beteiligt ist[34]. Neben dieser ersten Gruppe erscheint dann eine zweite, ebenfalls aus Sklaven bestehende, deren Angehörige die Arbeit auf dem Hof und in den Ställen zu tun, aber auch Hilfsdienste für die Küche zu leisten haben. Danach ist anzunehmen, daß in den Worten des Vaters die beiden Wirtschaftsbereiche des Hauses und des Hofes voneinander unterschieden sind. Ist es aber so, dann dürfte das für das richtige Verständnis der väterlichen Anordnung im einzelnen von einiger Bedeutung sein.

Daß das so ist, läßt sich in der Tat nachweisen. Trägt man nämlich dem Gesagten Rechnung, so rücken die drei verschiedenen im ersten Teil der Worte des Vaters angeordneten Maßnahmen unter sich zusammen und laufen im Grunde auf eine einzige Maßnahme hinaus. Um das zu erkennen und um auch die Bedeutung dieser Tatsache zu erfassen, bedarf es allerdings der Beachtung des äußeren Rahmens, in dem die väterlichen Maßnahmen erfolgen.

Mit diesem Rahmen hat es nun eine eigentümliche Bewandtnis. Er liegt nämlich nicht in den allgemeinen Verhältnissen vor, in denen sich die Erzählung abspielt, sondern ist durch das Verhalten des Vaters gesetzt. Er ist einfach mit der Tatsache gegeben, daß der Vater den Sohn nicht mehr dazu hat kommen lassen, um Aufnahme unter seine Tagelöhner zu bitten, wie er es sich im Zusammenhang mit seinem Entschluß zur Heimkehr vorgenommen hatte. War der Vater schon dem Heimkehrenden in

---

[33] So auch *Jeremias*, a.a.O.
[34] Vgl. *Josephus*, Antiquitates Judaicae 12, 200 ff., wo ein Sklave Arion in solcher Position erwähnt wird.

einer ganz ungewöhnlichen, wenn nicht sogar als unangemessen erscheinenden Weise entgegengeeilt, anstatt ihn im Bewußtsein seiner Würde zu erwarten[35], so hatte er weiter dem Sohn, als er zu sprechen und sein Anliegen vorzutragen begonnen hatte, einfach das Wort abgeschnitten. Damit aber war es zu einer völligen Veränderung der Situation gekommen.

Die neue Situation zeigt sich darin, daß der Sohn von dem Augenblick seiner Begegnung mit dem Vater an keinerlei aktiven Einfluß mehr auf den weiteren Gang der Dinge zu nehmen vermag. Die Initiative liegt vielmehr von nun an ausschließlich bei dem Vater. Dem Sohn bleibt es, ihn gewähren zu lassen und sich selbst, so wie er ist, ihm anheimzustellen. Dabei deutet der Erzähler in einer überaus zarten Weise an, in welchem Sinne der Vater die Initiative übernimmt. Wenn er ihn den Sohn bei der Wiederbegegnung nicht nur umarmen, sondern auch küssen läßt, so ist das für ihn wohl weniger eine Geste der Vergebung[36] als vielmehr eine weitere Andeutung dafür, daß der Vater entschlossen ist, die Gestaltung des Verhältnisses zwischen dem Sohn und sich von nun an zu übernehmen, und zwar eben als Vater.

Nichts anderes als das reflektiert sich dann völlig sinngemäß zunächst in der Art der anschließend getroffenen Maßnahmen bis hin zu der Herrichtung des Festmahls, aber auch noch am Schluß der Erzählung in dem Gespräch des Vaters mit dem älteren Sohn, der, anders als sein jüngerer Bruder, zu Hause geblieben war und seinem Vater treu gedient hatte. In diesem Gespräch geht es nämlich nicht um das vermeintlich verletzte Recht des älteren Sohnes, sondern um das unverkürzte Recht des Vaters als Vater[37]. Es ist das Recht des Vaters auf sein Vatersein[38] in seiner Anwen-

---

[35] Vgl. dazu bereits oben S. 15.
[36] So *Jeremias*, a.a.O., S. 130. Vgl. dazu noch S. 54,68 über die rechtliche Bedeutung des Kusses.
[37] Dazu gehört auch, daß der Vater gerade diesen Sohn an die um seinetwillen hergerichtete festliche Tafel führt. Der Kontrast zwischen diesem Einzelzuge und dem Wunsche bzw. der Bereitschaft des heimgekehrten Sohnes, seinen Lebensunterhalt künftig durch eigene schwere Arbeit zu verdienen, ist sicher beabsichtigt (vgl. *Jeremias*, a.a.O.). Diese Willigkeit zu schwerer körperlicher Arbeit hat natürlich nichts mit einem Wunsche zu tun, nun durch Leistungen das Geschehene zu sühnen. Das hat schon *Jülicher*, a.a.O., II, S. 349, richtig erkannt. Im übrigen hat *Cadoux* recht, wenn er, a.a.O., S. 123, nachdrücklich betont hat, der ältere Bruder werfe dem Vater zu Unrecht vor, er verhalte sich ungerecht. Auch er hat ja den Teil am Besitz des Vaters erhalten, der auf ihn entfiel, wie der Eingang der Erzählung ausdrücklich feststellt (V. 12). Leider wird das von den Auslegern nicht immer hinreichend beachtet. Indes kann auf diesen Zug der Erzählung hier nicht weiter eingegangen werden.

dung auch und gerade auf den jüngeren, bisher „verlorenen" Sohn, das der ältere Bruder bestreitet und das sich der Vater nicht bestreiten läßt.

Faßt man von da aus die Gestaltung des Verhältnisses zwischen dem Vater und dem zurückgekommenen jüngeren Sohn innerhalb des Kontextes der väterlichen Anordnungen ins Auge, so kann kein Zweifel daran bestehen, daß sie im Zeichen der Wiedereinsetzung des Heimgekehrten in seine Stellung als Sohn steht[38a], und zwar in voller Entsprechung zu der vor seinem Fortgang innegehabten Position. Die Erzählung enthält nicht die leiseste Andeutung der Art, daß die Wiederaufnahme in das väterliche Haus zwar ganz und gar durch die väterliche Liebe bestimmt sei, daß aber auf Grund des in der Zeit zwischen dem Fortgang und der Rückkehr des Sohnes mit diesem Geschehenen von ihm eine Modifikation seiner früheren Stellung hingenommen werden müsse. Den durchschlagenden Beweis gegen eine etwaige dahingehende Vermutung liefert der ältere Bruder mit seiner leidenschaftlichen Reaktion auf das Handeln des Vaters. Seine aufbegehrenden Worte ihm gegenüber drücken deutlich aus, daß er sich nach der Wiederaufnahme des jüngeren Bruders in Familie und Haus in seiner eigenen Position beschränkt findet, da er nun nicht mehr allein Sohn des Hauses ist wie bisher, sondern seinen jüngeren Bruder wieder neben sich, ja sich gewissermaßen sogar vor der Nase sitzen hat. Nimmt man dies mit dem Vorigen zusammen, so bleibt nichts anderes übrig als der Schluß, daß die Erzählung in ihrem letzten Teil auf eine völlige Re-Integration des bisher „verlorenen" Sohnes zurückblickt, die durch die breit und anschaulich berichteten Maßnahmen des Vaters gelegentlich seiner Rückkehr aus Fremde und Elend bewirkt ist. Damit aber legt sich die Frage nahe, ob nicht etwa die Weisungen des Vaters an das Gesinde eine regelrechte Re-Investitur des heimgekehrten Sohnes als Sohn bezwecken, und zwar so, daß sich in ihrer Folge sogar deren Ablauf widerspiegelt. Es ist diese Frage, die uns nunmehr näher beschäftigen soll.

---

[38] Seine Beanspruchung drückt sich je auf eine besondere, der Situation gemäße Weise aus, wenn der Heimgekehrte für den Vater vor dem Gesinde „dieser mein Sohn" (V. 24), vor dem älteren Bruder aber „dieser dein Bruder" (V. 32) ist.

[38a] Daß hier ein wesentliches Anliegen der Erzählung liegt, hat *Smith* richtig gesehen, wenn er a.a.O., S. 111 schreibt: Des Vaters „instructions to the servants ... mean that the returned wanderer is not only treated as an honored guest but reinstated into the family circle, a son still". Allerdings geht aus den abschließenden Worten „a son still" hervor, daß für *Smith* das Gewicht der Erzählung weniger bei dem Vater als vielmehr doch bei dem zurückgekommenen „verlorenen" Sohn liegt. Was aber den Vater betrifft, so greifen seine Anweisungen über eine „restoration to the family" (a.a.O., S. 116) eben weit hinaus. Vgl. dazu das Folgende!

4. Der rechtliche Charakter der Kategorie des „verlorenen" Sohnes und seine Verwurzelung im Institut der kᵉṣāṣāh

Ehe wir uns der Untersuchung der eben gestellten Frage mit der Aussicht auf Erfolg zuwenden können, bedarf es allerdings noch des Eingehens auf einen weiteren Lebensbezug, den unsere Erzählung enthält. Der kleine Umweg, den wir uns damit zumuten, erweist sich schnell als hilfreich im Blick auf alles Weitere. Über ihn gewinnen wir nämlich ohne besondere Mühe Zugang zu dem Bereich des Rechtes, innerhalb dessen ein Verfahren wie die Re-Investitur ihren eigentlichen Ort hat.

Dieser Lebensbezug verbirgt sich nun, so merkwürdig das im ersten Augenblick klingen mag, ausgerechnet in den abschließenden Worten des Vaters an seine Sklaven. Ihnen, das heißt eben jenen eigentümlich bildhaften, hyperbolisch oder doch zumindest ein wenig zu emphatisch wirkenden Worten, mittels derer der Vater die Maßnahmen begründet, die er aus Anlaß der Heimkehr seines jüngeren Sohnes in seinem Hause trifft, hat also nun zunächst unsere Aufmerksamkeit zu gelten.

Wir vergegenwärtigen uns den Satz noch einmal im Wortlaut (V. 24): „Dieser mein Sohn war tot und ist lebendig geworden; er war ein Verlorener und wurde wiedergefunden!" Es sind natürlich die Begriffspaare „tot"/„lebendig" und „verloren"/„wiedergefunden", die den Auslegern von jeher Mühe gemacht haben. Wie sind sie gemeint? Wollen sie ethisch verstanden werden? Dafür könnte man eine Begründung in den verächtlichen Worten des älteren Bruders finden, nach denen der jüngere sein Vermögen mit Dirnen durchgebracht hat (V. 30). Oder ist nur daran zu denken, daß man ihn wirklich für leiblich tot gehalten hat und daß er nun doch lebt und sogar wiedergekommen ist? Beides[39] vermag nicht zu befriedigen. Indes stellt der Text gar nicht vor ein solches Entweder–Oder. Die skizzierte Alternative beruht lediglich auf mangelnder Einsicht in den Sitz der hier erscheinenden Ausdrucksweise im Leben. Tatsächlich hat sie es weder mit einem zeitweiligen Verschollensein zu tun[40] noch mit Moral[41], sondern mit dem rechtlichen Status des Mannes, von dem hier die Rede ist.

---

[39] Vgl. dazu *Erich Klostermann*, Das Lukasevangelium³ (= Handbuch zum Neuen Testament 5)², Tübingen 1929, S. 159f.

[40] So zum Beispiel *Josef Schmid*, Das Evangelium nach Lukas (= Das [Regensburger] Neue Testament 3), Regensburg 1955, S. 254.

[41] So noch wieder, mit wenig glücklicher Begründung, *Günther Baumbach*, Das Verständnis des Bösen in den synoptischen Evangelien (= Theologische Arbeiten XIX), Berlin 1963, S. 153f.

Es ist nämlich ausgesprochen juristische Diktion, mit der wir in dem zitierten Satz konfrontiert werden. So ist es auch nicht verwunderlich, daß es ein Jurist ist, der das entdeckt hat. Es ist der Oxforder Rechtshistoriker DAVID DAUBE, der 1955 hat nachweisen können, daß sich in der uns so merkwürdig berührenden Ausdrucksweise des Vaters ein spätjüdisches Rechtsinstitut und seine Terminologie reflektieren[42]. Da DAUBES Feststellungen von theologischer Seite im allgemeinen unbeachtet geblieben und da sie vor allem überhaupt noch nicht für das Gesamtverständnis unserer Gleichniserzählung fruchtbar gemacht sind[43], erscheint es als richtig, auf den von ihm behandelten Sachverhalt etwas näher einzugehen.

Es handelt sich um das Institut der im Hebräischen sogenannten $k^e\!\!\text{\d{s}}\bar{a}\!\text{\d{s}}\bar{a}h$ oder $k^e\!\text{\d{s}}\bar{\imath}\!\text{\d{s}}\bar{a}h$. Das Verbum $k\bar{a}\!\text{\d{s}}a\!\text{\d{s}}$, von dem diese beiden Nomina abgeleitet sind, besagt dasselbe wie unser „abschneiden" oder „abtrennen". Allgemein gebraucht, haben es daher die Nomina $k^e\!\text{\d{s}}\bar{a}\!\text{\d{s}}\bar{a}h$ und $k^e\!\text{\d{s}}\bar{\imath}\!\text{\d{s}}\bar{a}h$ zum Beispiel mit dem Abhauen eines Baumes oder mit der Abtrennung eines Teiles von einem Ganzen zu tun. In einem speziellen rechtlichen Gebrauch, auf den allein es hier ankommt, dienen sie darüber hinaus als Bezeichnung eines Rechtsaktes, in dem die „Abtrennung" einer Person – die im jüdischen Recht immer nur ein rechtsfähiger Mann sein kann – von einer Sache oder von anderen Personen erfolgt. Dieser Akt ist von einer Art, daß eine bisherige Bindung oder Gemeinschaft durch ihn ein radikales Ende findet und daß infolgedessen eine persönliche Isolierung des Betroffenen eintritt, die unter allen Umständen zu einer sehr spürbaren Veränderung in seinem Status führt[44]. Nun ist, was wir an Nachrichten über die $k^e\!\text{\d{s}}\bar{a}\!\text{\d{s}}\bar{a}h/k^e\!\text{\d{s}}\bar{\imath}\!\text{\d{s}}\bar{a}h$ im rabbinischen Schrifttum haben[45], nicht sehr

---

[42] *David Daube*, Inheritance in Two Lucan Pericopes, in: Zeitschrift der Savigny-Stiftung für Rechtsgeschichte, Romanistische Abteilung 72 (1955), S. 326ff.

[43] Das gilt auch für *Jeremias*, der die Arbeit von *Daube* nur zu der Forderung des jüngeren Sohnes auf seinen Anteil am väterlichen Besitz = Erbe zitiert (a.a.O., S. 129). Allerdings hat *Daube* die von ihm herangezogenen Texte auch nicht in extenso mitgeteilt, so daß bei ihm ihre Bedeutung für das Verständnis gerade auch von Luk. 15, 24 nicht ohne weiteres erkennbar wird.

[44] Schon hier deutet sich an, was im folgenden ganz klar hervortreten wird, daß es sich in der hier besprochenen Übung um eine Maßnahme des gesellschaftlichen Selbstschutzes handelt.

[45] Vgl. vor allem Tosefta Ketubbot III, 3; jer. Talmud Ketubbot 26d, 72ff.; Kidduschin 60c, 23ff.; bab. Talmud Ketubbot 28b Bar.; Midrasch Ruth rabba VII, 11 zu 4, 7. Vgl. weiter *Jacob Levy*, Neuhebräisches und chaldäisches Wörterbuch über die Talmudim und Midraschim², Berlin und Wien 1924, Sp. 363a/b.

reichhaltig. Es reicht aber aus, um sich ein Bild von ihr zu machen. Vor allem weist es auch nach Palästina als Heimat. Darüber hinaus berechtigt es dazu, in ihr eine alte Übung zu sehen, die spätestens im ersten Drittel des zweiten Jahrhunderts, wahrscheinlich aber schon früher und möglicherweise in Verbindung mit dem Aufstand gegen die Römer in den Jahren 68–70, abgekommen und nicht wiederbelebt worden ist[46]. Jedenfalls spricht nichts entscheidend gegen die Annahme, aber einiges für sie, daß die $k^e\bar{s}\bar{a}\bar{s}\bar{a}h/k^e\bar{s}\bar{i}\bar{s}\bar{a}h$ zur Zeit Jesu in Palästina ein allgemein bekannter und geübter volkstümlicher Rechtsbrauch gewesen ist[47].

Die uns erhaltenen Erinnerungen an den Brauch rechnen durchgehend mit zwei Fällen, in denen er zur Anwendung kam, nämlich einmal bei dem Verkauf eines Stücks Grundbesitz gegen den Willen der Verwandtschaft und zum anderen bei der Verheiratung mit einer Frau gegen den Willen der eigenen Familie. Geht es im ersten Falle um die Erhaltung des Vermögens der Sippe in Grund und Boden, so im zweiten Falle um die Verhütung einer Verunreinigung des Blutes durch den Eintritt einer „nicht passenden" Frau in den auf blutmäßige Integrität bedachten Familienverband. In beiden Fällen äußerte sich in der $k^e\bar{s}\bar{a}\bar{s}\bar{a}h/k^e\bar{s}\bar{i}\bar{s}\bar{a}h$ der unvermeidliche Protest in einer Form, daß sich jeder, der auf sich hielt, davor hüten mußte, ihn zu provozieren.

Es lohnt sich durchaus, sich zu vergegenwärtigen, wie es nach den erhaltenen Erinnerungen bei diesem Rechtsakt zugegangen ist. Danach versammelten sich, wenn es zu dem einen oder dem anderen der beiden genannten Fälle kam, die Verwandten des Mannes, der durch sein Verhalten

---

[46] Dafür spricht unter anderem sehr nachdrücklich, daß die Übung in der Mischna keine Berücksichtigung gefunden hat und daß sie in der in Anm. 45 angeführten Stelle aus der Tosefta nur in der Form einer Erinnerung an längst Vergangenes erscheint. Ganz deutlich ist ihr vorinstitutioneller Charakter. Sie ist wahrscheinlich in einer Zeit drohender Auflösung des Bewußtseins der Verantwortung für den biologischen wie für den wirtschaftlichen Fortbestand der Judenschaft im Lande entstanden, und zwar in traditionellen Kreisen und als Versuch der Selbsthilfe. Es ist nicht auszuschließen, daß wir einen Bezug auf eine solche Situation in der sogenannten Damaskusschrift (jetzt in einer zweisprachigen Ausgabe: *Eduard Lohse*, Die Texte aus Qumran. Hebräisch und deutsch, Darmstadt 1964, S. 63 ff.) besitzen, wenn es dort heißt, ein jeder solle das Wohl seines Bruders suchen, nicht sich treulos hinsichtlich seiner Blutsverwandten verhalten, sich fernhalten von den unzüchtigen Frauen, wie es der göttlichen Ordnung gemäß sei (Dam. VI, 21 – VII, 2). Vgl. noch Anm. 49.

[47] In diesem Zusammenhang ist es nicht unwichtig, daß sich im Sondergut des Lukas-Evangeliums, zu dem die Erzählung von dem Verlorenen Sohn gehört, mancherlei Erinnerungen an besondere palästinische Verhältnisse erhalten haben.

Veranlassung zur Distanzierung von ihm gegeben hatte. Sie füllten einen Vorratskrug mit geröstetem Getreide und Nüssen und zerbrachen ihn auf der Straße in Gegenwart der Kinder der Familie, die dann den Inhalt einsammelten, um ihn zu verzehren. Nach der Überlieferung war das eine Art öffentlicher Demonstration mit pädagogischer Abzweckung: Die beteiligten Kinder sollten sich nämlich ihr Leben lang an den symbolischen Akt, dessen Zeugen sie geworden waren, erinnern, um auch seiner Konsequenzen für ihr eigenes Verhältnis zu dem Betroffenen und seinen Nachkommen stets eingedenk zu sein. In unserm Zusammenhang hat es darüber hinaus besonderes Gewicht, daß der Akt, der in seiner Symbolik eindeutig ist[48], durch begleitende Rufe noch unterstrichen wurde. Wenn es sich zum Beispiel um „Abtrennung" wegen einer „nicht passenden" Frau[49] handelte, so rief man: „Der und der wurde von seiner Sippe abgetrennt!" Die bisherigen verwandtschaftlichen Bande galten also als von nun an gelöst bzw. als so lange suspendiert, bis sich der „Abgetrennte" entschloß, die unerwünschte Ehe aufzulösen. Dabei war die proklamierte Trennung so radikal, daß, wie ausdrücklich bemerkt wird, eine eheliche Verbindung der beiderseitigen Nachkommen für immer ausgeschlossen war.

Der die „Abtrennung" besiegelnde Ruf begegnet nun gelegentlich[50] auch in einer etwas anderen Form. In ihr liegt der Ton weniger auf der Lage, in die sich der die „Abtrennung" provozierende Mann bringt, als vielmehr auf dem Verlust, den seine Sippe durch seine „Abtrennung" erleidet. Das drückt sich so aus: „Der und der ist für seine Sippe ein Zugrundegegangener!" Damit wird in aller Deutlichkeit festgestellt, daß „der und der" für seine Sippe nicht mehr existiert, daß er für sie „verloren" ist, und zwar wieder mit allen seinen eventuellen Nachkommen: Sie sind für seine bisherige Sippe ebensowenig existent wie er selbst[51].

Mit diesem Letzten kommen wir nun wirklich in die unmittelbare Nähe der auf den ersten Blick so merkwürdigen Ausdrucksweise des Vaters in unserer Erzählung. Das zur Kennzeichnung des durch die $k^e\bar{s}\bar{a}\bar{s}\bar{a}h$ herbei-

---

[48] Vgl. dazu Jer. 19, 1ff.

[49] Soweit die rabbinische Literatur auf „die nicht für ihn passende Frau" zu sprechen kommt, scheint sie nicht nur solche Frauen im Auge zu haben, die zu heiraten durch das Gesetz verboten ist, sondern auch diejenigen, die aus verbotenen Ehen oder Verbindungen stammen (vgl. Tosefta Ḳidduschin I, 4 u.a.m.). Indes scheint auch die zitierte Wendung in ältere Anschauung und Praxis zurückzureichen und durch die präzisen Vorschriften des Rabbinats überholt worden zu sein.

[50] Midr. Ruth rabba VII, 11 zu 4, 7.

[51] Er ist also für seine Sippe praktisch ein Toter (vgl. Luk. 15, 24.32: νεκρός), auch wenn das so nicht ausgedrückt wird.

geführten Sachverhalts benutzte hebräische Partizip *'ābūd* deckt sich nämlich in seiner Bedeutung völlig mit dem griechischen ἀπολωλώς, das Luk. 15, 24.32 der Vater gebraucht, wenn er die Lage beschreibt, in die sich sein jüngerer Sohn gebracht hatte[52]. So ist es nur sachgemäß, wenn ein solcher Mann, falls er zur Einsicht kommt und seine Verhältnisse doch noch im Sinne seiner Sippe ordnet, von dieser glücklich willkommengeheißen und mit dem Ruf begrüßt und wiederangenommen wird: „Der und der ist zu seiner Sippe zurückgekommen!" Es wird richtig sein, neben diesen Satz nicht nur das „Er wurde wiedergefunden!"[53] des Vaters des „verlorenen" Sohnes zu stellen, sondern auch das, was gegen Ende unserer Erzählung angesichts des für ihn ganz unerwarteten Festes der ältere Bruder auf Befragen von einem der Jungen (εἷς τῶν παίδων) zu hören bekommt (V. 27): „Dein Bruder ist wieder da!" (ὁ ἀδελφός σου ἥκει). Daß damit für den Älteren mehr festgestellt ist als lediglich die Tatsache der Rückkehr des Jüngeren, läßt sich seiner Reaktion auf diese Auskunft unschwer entnehmen. Wir werden darauf noch näher eingehen. Indes bedarf es zuvor eines letzten Wortes zur *keṣāṣāh* als Hintergrund unserer Beispielerzählung.

Nach allem, was zuletzt gesagt worden ist, sollte kein Zweifel daran bestehen, daß wir uns mit den Worten des Vaters an sein Gesinde, die er dann dem älteren Sohn gegenüber wiederholt, auf dem Boden des zeitgenössischen jüdischen Brauches der *keṣāṣāh* befinden. Von ihr aus empfängt aber, wie DAUBE in einem kurzen Nachtrag zu seinem Aufsatz hat zeigen können[54], schon der Eingang der Erzählung sein Licht. Besonders wichtig ist hier eine von ihm zitierte Stelle der Tosefta[55], nach der „ein Sohn, der geteilt hat, wie irgendeiner von allen anderen Menschen ist", das heißt wie ein beliebiger Mensch, mit dem man nichts weiter zu tun hat. Wenn hier, wie DAUBE[56] wohl nicht bestritten werden kann, auf eine von einem

---

[52] Das Rabbinat bedient sich üblicherweise des Verbums *'ābad*, wenn das Verlorengehen von Gegenständen festgestellt wird.

[53] Im Parallelismus membrorum kann zudem *'ābad* = *verlorengehen* im Rabbinat gelegentlich in klarer Analogie zu *mūt* = *sterben* gebraucht werden, so jer. Talmud Berachot 5c, 31f.: „Wenn sie (nämlich: eben aufgezählte Wertgegenstände) verlorengegangen sind (*'ābedū*), so gibt es Ersatz für sie; wenn aber ein (für die Ordination zum Rabbi anstehender jüngerer) Gelehrter (*talmīd chākām*) gestorben ist (*mēt*), wer bringt dann Ersatz für ihn bei?" Hier ist die von *Daube*, a.a.O., S. 334, noch vermißte genaue rabbinische Parallele zu Luk. 15, 24.32 mit dem Parallelismus von „tot" und „verloren".

[54] A.a.O., S. 334.

[55] Baba batra II, 5; vgl. auch bab. Talmud Baba batra 47a Bar.

[56] A.a.O.

Sohne verlangte und ihm gewährte Abfindung Bezug genommen ist, so stellt der angeführte Satz fest, daß sich mit ihr die Aufhebung des Sohnesverhältnisses verbindet. Genau das ist auch in unserer Erzählung vorausgesetzt; denn hier ist der „verlorene" Sohn ausdrücklich bereit, sich genau damit abzufinden, sofern er nur wieder in den Bereich seines Vaters zurückkehren kann. Sagt er doch, in seinem Elend zu Umkehr und Heimkehr willig geworden, in Gedanken zu seinem Vater: „Ich bin nicht mehr würdig, dein Sohn genannt zu werden!"

Wird nun gefragt, wer denn als der eigentliche Autor der „Abtrennung" anzusehen sei, der Vater oder der Sohn, so wird die Antwort nur dahingehend lauten können, daß die so gestellte Frage dem vorliegenden Sachverhalt schwerlich gerecht wird. Als sicher darf nur gelten, daß die eigentliche Voraussetzung für die Durchführung des Rechtsbrauchs in dem Willensakt eines – wie gesagt: männlichen – Familienangehörigen liegt, der im Gegensatz zu den Interessen und auch zu dem ausdrücklich erklärten Willen der Familie steht. Bei der Bruchstückhaftigkeit der Nachrichten über den Brauch verwundert es allerdings nicht, daß Einzelheiten über das, was dem öffentlichen Akt, der die Trennung feststellt, vorausgeht, nicht überliefert sind. Es ist jedoch mit hoher Wahrscheinlichkeit anzunehmen, daß es zu diesem Akt niemals gekommen ist, ohne daß zuvor mit allem Nachdruck versucht worden war, auf den Dissidenten einzuwirken mit dem Ziele, ihn von seinem Entschluß wieder abzubringen.

In solchen Verhandlungen kann als Wortführer der Sippe und als Vertreter ihrer Interessen nur deren Haupt fungiert haben, also jedenfalls eine väterliche Gestalt, der besondere Verantwortung sowohl für den äußeren Bestand der Sippe als auch für die Sicherung ihrer Existenzgrundlagen obliegt. Wahrscheinlich deutet sich davon etwas an, wenn in der Erzählung vom „verlorenen" Sohn der Vater gegen ihr Ende hin noch einmal aktiv wird, indem er sich darum bemüht, den älteren Sohn zu besänftigen, der im Begriff ist, sich nun seinerseits zu isolieren, wenn auch aus anderen Gründen und auf andere Weise als sein jüngerer Bruder. Somit kommt dem Vater bzw. dem Sippenhaupt hinsichtlich der $k^e\d{s}\bar{a}\d{s}\bar{a}h$ jedenfalls eine retardierende Funktion zu, nicht aber unter allen Umständen eine verhindernde. Darüber hinaus ist die $k^e\d{s}\bar{a}\d{s}\bar{a}h$ im strengen Sinne kein Rechtsakt, sondern ein Brauch, der eine Veränderung der Rechtslage anschaulich statuiert.

Was nun den jüngeren Bruder und Sohn in unserer Erzählung betrifft, so darf es, wenn man von den Folgen seines Verhaltens ausgeht, als relativ unwichtig gelten, wie man sich in seinem Falle die zu seiner $k^e s\bar{a}s\bar{a}h$ führende Teilung des väterlichen Vermögens vorzustellen hat. Fragt man aber schon auch noch danach, so liegt es am nächsten anzunehmen, daß der Erzähler seinerseits an eine Abfindung in Land gedacht hat, das dann von dem Abgefundenen verkauft worden wäre, um mit dem Erlös nach seinem Ermessen verfahren zu können. Ganz abgesehen davon, daß der Vater als wohlhabender Grundbesitzer vorgestellt ist[57], würde diese Annahme gut zu dem passen, was uns über die $k^e s\bar{a}s\bar{a}h$ bekannt ist[58]. Sie würde zudem gut erklären, weshalb der „verlorene" Sohn selbst mit einer Wiedereingliederung in das Elternhaus gar nicht zu rechnen wagt: Er hat ja alles, was ihm übergeben war, vergeudet und ist daher nicht in der Lage, das Vertane wiederzubeschaffen und so die entscheidende Voraussetzung für eine Re-Integration zu erfüllen.

5. Die Ausstattung des „verlorenen" Sohnes mit Gewand, Ring und Schuhen in ihrer Problematik

Nun ist der Weg zur Beantwortung der Frage, worauf die Anordnungen des Vaters in unserer Erzählung letztlich hinauslaufen, prinzipiell frei. Bevor wir sie versuchen, ist allerdings zu konstatieren, daß wir mit Sicherheit keine vollständige Aufzählung alles dessen erhalten, was für den heruntergekommenen Ankömmling unternommen wird. So wird offensichtlich das, was in der geschilderten Situation ohnehin als selbstverständlich gelten muß, überhaupt nicht erwähnt, nämlich ein Bad und die mit ihm verbundene Salbung, das Ordnen von Haar und Bart und die Ausstattung mit Leibwäsche[59]. Alles das ist nicht ohne Bedeutung. Von ihm aus beschränkt sich nämlich das, was der Vater anordnet, auf diejenigen Maßnahmen, die sowohl dem Heimkehrer selbst als auch seiner Umgebung die radikale Veränderung seiner Situation zum Bewußtsein bringen oder doch geeignet sind, das zu tun.

---

[57] Nach V. 25 ist zudem der ältere Sohn „auf dem Felde" (ἐν ἀγρῷ), als der jüngere Bruder heimkehrt.
[58] Vgl. darüber oben S. 22 ff.
[59] Darauf hat besonders *Cornelius Eliza van Koetsveld*, Die Gleichnisse des Evangeliums, Jena 1892, S. 154, aufmerksam gemacht. Vgl. auch: *Alfred Plummer*, A Critical and Exegetical Commentary on the Gospel according to S. Luke (= The International Critical Commentary)[4], Edinburgh 1901 ff., S. 376: „None of the three things ordered are necessaries."

Hier erscheinen nun in dieser Reihenfolge ein Gewand, ein Ring und Schuhe. Von ihnen ist die Versehung mit einem Kleidungsstück am ehesten verständlich, da der Heimkehrer als abgerissen zu denken ist. Hier scheint es keiner besonderen Erwägungen zu bedürfen. Aber wozu wird ein Ring übergeben? Und was wird mit den Schuhen bezweckt? Und was endlich verbindet ausgerechnet diese drei?

Bleiben wir zunächst bei den Schuhen! Was ist daran auffällig, daß die Sklaven Schuhwerk herbeischaffen sollen? Selbstverständlich ist der Heimkehrer als barfüßig vorzustellen; denn abgesehen davon, daß er mittellos ist, pflegten die verachteten[60] Hirten im allgemeinen keine Schuhe zu tragen. Soll ihn also die Ausstattung mit Schuhen als Sohn von den Sklaven unterscheiden[61]? Es ist richtig, daß Sklaven ihre häuslichen Dienste in der Regel ohne Schuhe verrichteten. Aber welchem letzten Zweck dient dann das förmliche Antun der Schuhe? Handelt es sich in ihm nur um eine Geste ehrender Herausstellung? Oder soll es gar den Mann, der einmal der Sohn des Hauses war, als dessen nunmehrigen Ehrengast kennzeichnen, dies vollends in Verbindung mit dem, was ihm sonst noch zuteil wird, so daß er schließlich dasteht „als mehr wie für gewöhnlich ein Sohn" – nämlich als ein vornehmer Mann und als solcher das Gegenteil des Tagelöhners, der zu werden ihm selbst mehr als genug zu sein schien[62]?

Nun, wer dies vertritt[63], übersieht, daß er sich in striktem Widerspruch mit dem befindet, was im Nahen Osten von jeher üblich war und bis heute üblich ist. Dort legt, wer als Gast ein Haus betritt, die Schuhe gerade ab! Hier gibt es für den Exegeten um so weniger eine Entschuldigung auf Grund von mangelnder Kenntnis von Sitte und Brauch, als das Neue Testament durchaus um solche Übung weiß und sich Belege für sie gerade bei Lukas finden[64]. Sogar der Hausherr selbst läßt sich im Palästina des

---

[60] Zur Verachtung des Hirtenstandes – Hirten galten als nicht zuverlässig – vgl. *Joachim Jeremias*, Zöllner und Sünder, in: Zeitschrift für die neutestamentliche Wissenschaft und die Kunde der älteren Kirche 30 (1931), S. 296.

[61] So nach und mit vielen anderen *Walter Grundmann*, Das Evangelium nach Lukas², Berlin 1963, S. 313f.

[62] So *Jülicher*, a.a.O., II, S. 351.

[63] So zum Beispiel auch *Klostermann*, a.a.O. (s. Anm. 39), S. 159; für ihn sind Ring und Schuhe „eine Art von Luxus". Auf demselben Wege: *Schmid*, a.a.O. (s. Anm. 40), S. 189.

[64] Das Waschen der Füße eines Gastes, besonders dann, wenn er eine Fußreise hinter sich hat, setzt voraus, daß er beim Betreten des fremden Hauses seine Schuhe abgelegt hat, so 1. Tim. 5, 10 und vor allem Luk. 7, 44ff. nach 7, 38. Vgl. aber auch Joh. 12, 3 und Joh. 13, 1ff., sowie als rabbinischen Beleg Tosefta Ṭoharot VIII, 2.

1. Jahrhunderts – die ungebrochene Sitte vorausgesetzt –, wenn er nach Hause kommt, nicht Schuhe bringen, sondern die unterwegs staubig gewordenen Schuhe abnehmen[65]! Man darf zudem nicht übersehen, daß in unserem Falle die Schuhe nicht etwa nur herbeigebracht und zur Benutzung bereitgestellt, sondern daß sie von einem Sklaven regelrecht angelegt werden. Gerade das führt aber auf die Frage, ob es hier nicht um mehr und um anderes geht als um das Widerspiel von Gast und Sklave oder von Sohn und Sklave. Es läßt sich in der Tat nachweisen, daß es so ist. Da es sich aber besser zeigen läßt in Verbindung mit der Aufdeckung der Symbolik der Übergabe auch eines Ringes an den Zurückgekehrten, so wenden wir uns zunächst ihr zu, um dann zu dem Anlegen der Schuhe zurückzukehren.

ADOLF JÜLICHER hat in seinem bereits genannten[66] bahnbrechenden Werk über die Gleichnisreden Jesu aus dem Jahre 1899 mit Nachdruck erklärt, er halte jede Debatte darüber, wieweit Ring und Schuhe die Kennzeichen des *freien* Mannes im Unterschiede vom Sklaven seien, für zwecklos[67]. Darin sind ihm manche gefolgt[68]. Er selbst hat auch die Funktion des Ringes auf den Ehrengast in dem Heimkehrer bezogen, und zwar unter Hervorhebung des Charakters des Ringes als Schmuckstück[69]. Indes stellen es die Funktion und die Geschichte des Ringes im Nahen Osten völlig sicher, daß damit sein Erscheinen in unserer Erzählung gerade nicht erfaßt wird, jedenfalls da nicht, wo es sich um den Ring eines Mannes und nun gar noch um dessen Ausstattung mit einem Ring unter besonderen Umständen handelt. Hier geht es keinesfalls um Schmuck oder um Auszeichnung oder Ehre, sondern um Vollmacht[70].

Das wird seit einiger Zeit auch mehr und mehr anerkannt[71]. Indes ist mit der grundsätzlichen Annahme dieses Gesichtspunktes nicht auch schon

---

[65] Vgl. Matth. 3, 11; Luk. 3, 16; Apg. 13, 25. Es war Sklavensache, dem Hausherrn beim Eintreffen im Hause die Schuhe abzunehmen (vgl. *David Daube*, The Offices of a Disciple, in: The New Testament and Rabbinic Judaism, London 1956, S. 266).

[66] Siehe oben S. 9 mit Anm. 2.

[67] *Jülicher*, a.a.O., II, S. 351.

[68] Für Schuhe als Ausweis des Freien im Unterschiede vom Sklaven tritt zum Beispiel ein *Karl Bornhäuser*, Studien zum Sondergut des Lukas, Gütersloh 1934, S. 115, ebenso *Jeremias*, a.a.O., S. 130. Sowohl das „erstklassige" Kleid als auch den Ring als auch die Schuhe hat *Theodor Zahn* als „Schmuck des freigeborenen Sohnes" bestimmt: Das Evangelium des Lucas[3,4], Leipzig 1920, S. 563.

[69] *Jülicher*, a.a.O.

[70] So schon *Bornhäuser*, a.a.O., S. 114f.

[71] Vgl. zum Beispiel *Jeremias*, a.a.O., ebenfalls *Karl Heinrich Rengstorf*, Das Evangelium nach Lukas (= Das Neue Testament Deutsch 3)[11], Göttingen 1966, S. 186, u.a.m.

über die Frage nach dem Ausmaß der in unserer Erzählung übertragenen Vollmacht entschieden. Dasselbe gilt hinsichtlich der weiteren, von jener ersten gar nicht zu trennenden Frage nach dem Rechtsgrunde der Vollmachtübertragung in diesem Falle. Sie läßt sich schon deshalb nicht übersehen, weil das unsere Erzählung abschließende Gespräch zwischen dem älteren Sohn und dem Vater zu Überlegungen darüber nötigt, ob sich der Vater mit der Zusprechung des Ringes als Zeichen einer Übertragung von Vollmacht auf den zurückgekommenen jüngeren Sohn trotz alles Geschehenen nicht letztlich als ein Despot erweise, der sich über vorgegebene Vorstellungen von Recht und Gerechtigkeit einfach hinwegsetzt. So bedarf es nunmehr eines näheren Eingehens auf die Symbolik des Ringes im Bereich unserer Erzählung, um von da aus zu richtigen Gesichtspunkten für die Entscheidung über Sinn und Zweck dieser Maßnahme zu kommen.

6. Die Symbolik der Begabung mit dem Ring

Leider besitzen wir bis jetzt keine modernen Ansprüchen genügende umfassende Monographie über den Ring im Altertum[72], ganz abgesehen davon, daß dieser auch in neueren Nachschlagewerken ungebührlich vernachlässigt ist[73]. Insbesondere fehlt es an einer gründlichen speziellen Untersuchung über Art und Herkunft der mit dem Ring von alters her verbundenen Symbolik. So kann, was nunmehr dargelegt wird, nur als ein erster Versuch gelten, das ebenso verstreute wie weitschichtige Material zu sichten.

Immerhin läßt sich auf Grund dessen, was bisher da und dort und unter sehr verschiedenen Gesichtspunkten gearbeitet ist[74], mit ziemlicher Sicher-

---

[72] Für den griechisch-römischen Bereich vgl. immerhin *Gauschinietz* bei Pauly-W. II. Reihe, 1. Halbband, Stuttgart 1914, Sp. 807–841. *Paulus Cassel*, Die Symbolik des Ringes, zumal des Trauringes, in: Gesammelte Schriften I = Jahrbücher der Kgl. Akademie Gemeinnütziger Wissenschaften zu Erfurt, Neue Folge Heft XVIII, Erfurt 1892 bzw. Berlin 1893, S. 85–141, bietet lediglich eine Sammlung von sehr verschiedenartigem Material aus Volkskunde, Legende, Sage und Märchen ohne systematische Ordnung und Durchdringung. Sie ist für unsere Zwecke ohne jeden Wert.

[73] Die 3. Auflage von Die Religion in Geschichte und Gegenwart, Tübingen 1957ff., hat das Stichwort „Ring" überhaupt nicht.

[74] Man wird es, denke ich, verstehen, wenn ich davon absehe, die mir bekanntgewordene Literatur, vor allem die aus dem Gebiet der orientalischen Altertumskunde, durch die ich gefördert worden bin, vollzählig aufzuführen, und mich darauf beschränke, die Herkunft des von mir in Auswahl aus einer größeren Sammlung vorgelegten Bildmaterials nachzuweisen. Vgl. dazu noch unten S. 45.

heit sagen, daß hinsichtlich des Gebrauchs und der Beurteilung des Ringes im Osten und im Westen der Alten Welt erhebliche Unterschiede bestehen. Im Westen (Italien) dürfte der Ring – zunächst aus Eisen, später aus Gold hergestellt und immer in der Form eines Fingerringes – von jeher als Ausweis für die Zugehörigkeit zu einer bestimmten gesellschaftlichen Schicht, vor allem zum Ritterstande, gedient haben[75]; es ist wahrscheinlich derselbe Bezug auf einen „Stand", dem man angehört, wenn man in Rom der künftigen Gattin neben anderen Brautgaben auch einen wieder anfänglich eisernen, später aber goldenen Ring als Unterpfand der Verbundenheit und der Treue schenkte, ohne indes – vom Ansatz aus völlig sinngemäß – auch seinerseits von der Erwählten einen Ring zu empfangen[76]. Eine völlig andere Symbolik hat sich, wie es scheint, wieder von alters her, mit dem Ring im vorderasiatischen Osten[77] verbunden; denn hier dient er der Legitimierung von Macht, wie sie in der Regel an eine hervorragende Stellung gebunden ist. Deshalb gehört der Ring im alten Orient in besonderer Weise zum Herrscher und spielt, weil der König seine Macht aus den Händen der Gottheit empfängt, seine Rolle nicht zuletzt in Verbindung mit dem Königtum als sakraler Institution.

Dieses Letzte führt auf den eigentlichen und grundlegenden Unterschied in der Symbolik des Ringes einerseits im Westen der Alten Welt, andererseits im alten Nahen Osten. Die einschlägigen Denkmäler, die wir besitzen, stellen es sicher, daß der Ring im Osten ursprünglich als Götteremblem angesehen werden muß. Erst dadurch, daß der König in seine herrscherliche Stellung und Macht durch die Gottheit des Landes eingesetzt wird und daß er in der feierlichen Investitur, in der das erfolgt, zum Zeichen seiner Legitimität durch sie mit dem Ring ausgestattet wird, wird der Ring zum Symbol auch der königlichen Position und Potenz. Der Ring, der deshalb notwendig beim Akt der Thronbesteigung in Erscheinung tritt, hat

---

[75] Vgl. *Theodor Mommsen*, Römisches Staatsrecht⁴ III, 1 (Nachdruck), Graz 1952, S. 514ff.: Die Ritterschaft: Goldringe und Goldkapsel; *Ludwig Friedlaender*, Darstellungen aus der Sittengeschichte Roms in der Zeit von August bis zum Ausgang der Antonine⁸, I, Leipzig 1910, S. 280ff.

[76] Vgl. *Friedlaender*, a.a.O., S. 471. Dieser Ring hat also mit dem modernen Verlobungsring nur eine äußerliche Ähnlichkeit, worauf im übrigen *Friedlaender* selbst hingewiesen hat.

[77] Ägypten kann hier vorerst beiseite bleiben. Nur soviel sei für jetzt bemerkt, daß der Ring dort von jeher die Form des Fingerringes gehabt zu haben scheint. Später wird er ohnehin nur als solcher gebraucht. Im übrigen vgl. weiter unten S. 36.

bezeichnender- und verständlicherweise – er muß ja zur Demonstration geeignet sein – nicht die Gestalt eines Fingerringes, sondern ist ein mindestens handgroßer Reif. Er wird auf den Denkmälern oft in der ausgestreckten Hand gehalten und erweist denjenigen, der ihn vorweist, wenn es sich um eine Gottheit handelt, als Inhaber unbeschränkter Macht, wenn es ein irdischer Machthaber ist, als an solcher Macht beteiligt.

Ich möchte nun das, was damit in ganz groben Zügen zur Rolle und zur Symbolik des Ringes im alten Orient gesagt worden ist, ein wenig veranschaulichen und so auch ein wenig begründen. Die Bilder, die zu diesem Zweck mitgeteilt werden, sind allerdings nicht das Ergebnis systematischer Sucharbeit, sondern mehr das, was man Lesefrüchte nennt. Sie dürften indes auch unter dieser Einschränkung ausreichen, um den Nachweis dafür zu erbringen, daß sich aus der längst verschwundenen Welt, in die sie hineinführen, die Symbolik der Begabung des zurückgekommenen „verlorenen" Sohnes mit einem Ring durch seinen Vater vollständig erklärt. Allerdings will dabei zweierlei bedacht und in Rechnung gestellt werden. Das eine ist, daß Palästina, als das Wirkungsfeld Jesu auch der Schauplatz unserer Gleichniserzählung, kultur- wie religionsgeschichtlich eng mit dem Nahen Osten verbunden ist. Dazu tritt als zweites die Tatsache, daß die folgenden archäologischen und literarischen Belege aus vorgeschichtlicher Zeit bis in das 3. Jahrhundert nach Christus reichen, also sowohl die Zeit Jesu als auch die Zeit der Abfassung des Lukas-Evangeliums völlig umschließen.

Den Anfang mag eine Darstellung des lulubäischen Fürsten Annubanini aus der frühen zweiten Hälfte des 3. Jahrtausends v. Chr. machen (Abb. 1)[78]. Dieser Fürst eines Bergvolkes im südwestlichen Zagros-Gebiet von Iran steht auf einem Felsrelief unweit vom „Tor von Asien" vor der Göttin Ininna. Sie streckt ihm in dem Ring, den sie vor sich hinhält, das Symbol ihrer eigenen Macht entgegen und bekundet damit, daß sie ihm Anteil an ihr gibt. Der Fürst ist deutlich als Sieger dargestellt; zum Zeichen dessen setzt er den Fuß auf einen besiegten Feind. Das Relief läßt keinen Zweifel daran, daß der Fürst seinen Sieg, wie überhaupt seine Macht, der Göttin verdankt; denn sie hält, wahrscheinlich an einem durch die Nasen gezogenen Riemen, zwei nackte Gefangene, die sie dem Fürsten zuführt, während

---

[78] Abbildung nach *Roman Ghirshman*, Iran (= Pelican Book A 239), London 1954, S. 55.

unten auf dem Relief eine Schar ebenfalls nackter Gefesselter offensichtlich in die Gefangenschaft zieht[79].

Auf dem nächsten Bilde (Abb. 2)[80] ist der König Urnammu von Ur aus dem 22. Jahrhundert v. Chr. in einer Szene dargestellt, die ebenfalls für die Geschichte des Ringes und seiner Symbolik im Nahen Osten einiges abwirft. Der Fürst opfert vor dem Gott Nanna (rechts) und seiner göttlichen Gattin Ningal (links). Der Gott hält – wieder in der rechten Hand – den uns bereits bekannten Ring. Dieser ist allerdings mit einem weiteren Symbol kombiniert, einem Stabe, der seinerseits den, der ihn hat, als legitimen Verwalter des Rechts ausweist, so daß hier, ebenso eng wie sinngemäß, die Symbole der Macht und der Jurisdiktion miteinander verbunden sind, wie sie letztlich der Gottheit eignen[81]. Natürlich versinnbildlichen sie zugleich die herrscherliche Macht des dargestellten Fürsten in Verbindung mit seiner Zuständigkeit in allen Fragen des Rechts, und zwar auf Grund der Autorisation durch seinen Gott.

Das dritte, ziemlich bekannte Bild (Abb. 3)[82] zeigt den babylonischen König Hammurabi (wahrscheinlich 1792–1750 v. Chr.) auf seiner berühmten Gesetzesstele, wie er anbetend und zugleich wohl auch lauschend vor dem Sonnengott Schamasch steht. Schamasch verkörpert in dieser Darstellung, wie seine Attribute ausweisen, die absolute Macht und die absolute Gerechtigkeit. Somit ist er auch der Autor und der Garant der Macht des vor ihm stehenden Königs sowie der eigentliche Ursprung des von diesem erlassenen Gesetzes. Das wird wieder dadurch angezeigt, daß der Gott in Ring und Stab dem König die Symbole auch von dessen Herrschertum hinhält. Gehen wir etwa ein halbes Jahrtausend weiter, so bezeugt eine Stele aus Susa, die einen elamitischen Fürsten (nach 1350 v. Chr.) vor seinem Gott darstellt, eindrucksvoll die Stabilität des Motivs

---

[79] Wahrscheinlich beruht die Darstellung, die ältere akkadische Monumente derselben Art zum Vorbild hat, (vgl. neuestens *Burchard Brentjen*, Zum Vorbild des Annubanini-Reliefs, in: Das Altertum 12 [1966], S. 131 ff.) nicht auf einem geschichtlichen Ereignis, sondern ist ebenso wie verschiedene andere ähnliche Selbstdarstellungen Annubaninis lediglich Ausdruck von Wunschträumen (so *Hans Henning von der Osten*, Die Welt der Perser², Stuttgart 1956, S. 24f.). Vgl. zu dieser Tendenz noch das Titelbild mit Anm. 85.

[80] Original im Museum der University of Pennsylvania in Philadelphia. Vgl. *Hartmut Schmökel*, Ur, Assur und Babylon. Drei Jahrtausende im Zweistromland, Stuttgart 1955, Tafel 54 unten mit Begleittext auf S. 280.

[81] Vgl. zu den beiden Symbolen *E. D. van Buren*, The Rod and Ring, in: Archiv Orientální XVII (1949), S. 434ff.

[82] Vgl. *Schmökel*, a.a.O., S. 281 mit Tafel 64 (nach einem Photo des Louvre).

über Jahrhunderte hin (Abb. 4)[83]. Dasselbe gibt mutatis mutandis, wiederum rund ein halbes Jahrtausend später, hinsichtlich einer assyrischen Elfenbeinskulptur aus Nimrud aus dem 8. Jahrhundert v. Chr., die sich heute im Iraq-Museum in Bagdad befindet (Abb. 5)[84].

Aber kehren wir noch einmal in die Zeit Hammurabis zurück! Aus ihr stammt das berühmte Fresko im Saal 106 des Palastes von Mari, das seit 1936 bekannt ist. Auf ihm streckt der dargestellte König von Mari, wohl Zimrilim, während er die rechte Hand im Gebetsgestus erhebt, die linke nach den Symbolen der Macht und der Jurisdiktion aus, welche die als Kriegerin gekleidete Göttin Ischtar ihm in Ring und Stab entgegenhält (Titelbild)[85]. Gleichgültig, ob es sich um die Darstellung einer förmlichen Investitur oder auch Re-Investitur[86] handelt oder um einen kultischen Akt, in dem der Fürst die genannten Symbole nur berührt[87] – es ist deutlich, daß es um die Bestätigung und die Konsolidierung seiner Position geht[88].

Wir überspringen noch einmal einige Jahrhunderte und kommen zu dem Monument von Behistan, dem ersten Denkmal des persischen Königs Dareios I. (522–486 v. Chr.), einem Mahnmal für die Völker seines riesigen Reiches. Hier erblicken wir den König in derselben Geste, die aus den Darstellungen der akkadischen Herrscher bekannt ist (Abb. 6)[89]. Die Kontinuität hinsichtlich des Ringes wird allerdings in einer neuen Weise gewahrt: Über dem König, der sich als Sieger präsentiert, schwebt Ahuramazda in der geflügelten Sonnenscheibe und hält ihm den Ring entgegen zum Zeichen dessen, daß er ihn mit Macht schlechthin belehnt, ein so charakteristisches Motiv, daß es sich lohnt, es in einer anderen

---

[83] Vgl. *André Parrot*, Sumer, München 1960, S. 320 mit Abb. 397.

[84] Nach *André Parrot*, Assur, München 1961, Abb. 189.

[85] Vgl. *André Parrot*, Mission archéologique de Mari: Le palais, II: Peintures murales, Paris 1958, Tafel A (nach der Kopie von Jean Lauffray), sowie S. 53 ff.

[86] So *André Parrot*, „Cérémonie de la main" et réinvestiture, in: Studia Mariana (= Documenta et monumenta orientis antiquae IV), Paris 1950, S. 37 ff.

[87] So *Marie-Thérèse Barrelet*, Une peinture de la cour 106 du palais de Mari, in: Studia Mariana, S. 9 ff.

[88] Die dargestellte Szene ist wahrscheinlich auf die Zeit zwischen dem 33. und dem 35. Jahr Hammurabis zu datieren, eine Zeit dramatischer Spannung, in der es um den Bestand des Königtums von Mari ging. Von da aus trägt sie möglicherweise den Charakter des Versuchs einer Einwirkung auf die Gottheit, die deshalb als Kriegerin dargestellt sein könnte, zugunsten des schwer gefährdeten Königs Zimrilim. Indes erwies sich, wenn diese historische Einordnung des Freskos richtig ist, der Versuch als vergeblich, da wenig später Hammurabi Mari eroberte und zerstörte und seine Dynastie vernichtete. Vgl. dazu *Parrot*, Mission etc., S. 64.

[89] Nach *Roman Ghirshman*, Iran: Die Achämeniden, München 1964, Abb. 246.

Fassung, die ebenfalls mit Dareios I. verbunden ist, auch noch gesondert zu betrachten (Abb. 7)[90].

Eine ausgesprochene Belehnungsszene bietet die Abbildung 8. Sie zeigt auf der Platte seines Grabmals auf dem Nimrut Dagh den seleukidischen König Antiochos I. von Kommagene (280–261 v. Chr.) vor Mithra[91]. Leider ist die Skulptur in der Mitte zerstört. Immerhin ist zu erkennen, daß der Gott dem König die Hand entgegenstreckt, um ihn in seiner Stellung und Macht zu bestätigen, und es besteht hinreichend Grund zu der Annahme, daß das auch hier mittels des Ringes geschieht.

Das nächste Bild (Abb. 9)[92] führt bereits tief in die christliche Zeit. Dargestellt ist ein parthischer König aus arsakidischem Geschlecht, Artabanos V. (216–224), in einer Situation und in einer Haltung, die wir bereits kennen. Allerdings ist nun etwas Neues zu bemerken: Der König steht selbst an der Stelle des Gottes und überreicht, durch seine Embleme als Herrscher ausgewiesen, einem seiner Satrapen den Ring, der ihn von nun an als zur Machtausübung im Namen seines Königs bevollmächtigt ausweist.

Dieser Artabanos V. verlor schon nach achtjähriger Herrschaft die Macht und das Leben an Ardaschir aus der Familie der Sasaniden. Bezeichnenderweise hat sich nun dieser, nachdem er zur Herrschaft gekommen war, seinerseits ebenso darstellen lassen wie sein unglücklicher Vorgänger (Abb. 10)[93]. Das großartige Relief an der Felswand von Naqsch-i-Rustam im Gebiet von Persepolis stellt ihn und Ahuramazda zu Roß einander gegenüber: Das Pferd des neuen Königs schreitet über den besiegten Artabanos hinweg, und er selbst empfängt aus der Hand des Gottes den mit Bändern geschmückten Ring zum Zeichen dafür, daß nach dem Willen des Gottes die Macht nun auf ihn übergegangen ist. Nun ist er der legitime Herrscher! Die Darstellung wirkt, wenn man sie in ihrer Umgebung auf sich wirken läßt (Abb. 11), sehr demonstrativ, und das ist auch beabsichtigt[94].

---

[90] Nach *von der Osten*, a.a.O., Tafel 46 mit S. 277 (nach einer Aufnahme von Professor G. G. *Cameron*).

[91] Nach *von der Osten*, a.a.O., Tafel 91, zu der S. 113 und S. 280 zu konsultieren sind.

[92] Nach *Ghirshman*, Iran: Parther und Sasaniden, München 1962 (Museum in Teheran). Man vgl. den dazugehörigen Text, a.a.O., S. 280.

[93] Nach *von der Osten*, a.a.O., Tafel 97 oben mit S. 129.

[94] Nach der Aufnahme bei *Ghirshman* (s. zu Abb. 1), Tafel 43a. Man vgl. dazu ein weiteres sasanidisches Relief aus Naqsch-i-Rustam in einer Aufnahme von *Ilse Tubesing* in der Frankfurter Allgemeinen Zeitung vom 23. Januar 1964 (Unterhaltungsblatt).

Das gesamte bisher erwähnte Material, das den Ring als Machtsymbol belegt, gehört in den Osten Vorderasiens. Es hat den Vorzug, die Symbolik des Ringes deutlich erkennbar zu machen. Weiter macht es zu seinem Teile verständlich, daß der Ring hier schließlich sogar im Diadem des Herrschers aufgehen konnte, wie es dann bei den Sasaniden der Fall ist[95]. Auch darin, daß jeder sasanidische König einen individuell gestalteten Kronreif erhielt, der sich in seiner Form offenbar nach der Krone der die Investitur bewirkenden Gottheit richtete[96], mögen die Investiturszenen mittels des handgroßen Ringes bei jeder königlichen Machtübernahme nachwirken, wie sie sich im Osten über lange Zeiträume verfolgen lassen.

Demgegenüber ist im Westen Vorderasiens, in Syrien und Palästina, soweit wir sehen können, immer der (mit dem königlichen Siegel versehene) Fingerring das dem großen Ring entsprechende Symbol gewesen. Das Übereinstimmen in der Sache bei Differenz in der Form nötigt natürlich zu der Frage, ob es etwa von Anfang an im vorderasiatischen Großraum zwei verschiedene Formen des Ringes als Symbol herrscherlicher Macht gegeben hat. Eine präzise Antwort darauf zu geben, ist bei dem gegenwärtigen Stande der Forschung noch nicht möglich. So kann nur die eine oder die andere Vermutung gewagt werden. Sollte der Fingerring als Machtzeichen im westlichen Vorderasien überhaupt auf den Einfluß entsprechender ägyptischer Ringsitte zurückgehen[97] und somit das Ergebnis einer Kulturmischung sein? Oder ist hier der große Ring als Symbol für den Besitz und die Ausübung königlicher Stellung und entsprechender Gewalt zunächst am rechten Oberarm getragen worden, bevor er zum Fingerreif wurde[98]? Gehört es etwa in diesen Zusammenhang, wenn dem toten israelitischen König Saul nicht nur das Diadem, sondern auch die Spange am Arm abgenommen und in Verbindung mit einer Huldigung David übergeben wurde (2. Sam. 1, 10 nach 1, 2)? Nach dem Kontext ist bei der Armspange schwerlich an ein persönliches Schmuckstück zu denken, vielmehr an ein Emblem, das den König oder den Heerführer oder den

---

[95] Vgl. *Kurt Erdmann*, Die Entwicklung der sasanidischen Krone, in: Ars Islamica XV–XVI (1951), S. 87 ff.

[96] *Erdmann*, a.a.O., S. 87.

[97] Vgl. nur Gen. 41, 41 ff.: Joseph erhält vom Pharao dessen eigenen Fingerring als Ausweis dafür, daß er sein bevollmächtigter Vertreter im Regiment über Ägypten ist. Der große Ring des östlichen Vorderasiens ist bisher in Ägypten nicht nachweisbar, wie *Erik Hornung* freundlicherweise bestätigte.

[98] So vermutete *Hans Bardtke* nach einer Gastvorlesung von mir über das hier behandelte Thema in Leipzig, im November 1964.

einen zugleich als den andern kennzeichnet und das deshalb auch auf den Nachfolger übergeht oder übergehen kann[98a]. Könnte etwa ein früher Beleg für eine solche Entwicklung in der bereits oben herangezogenen „Investitur"-Szene im Palast von Mari [99] vorliegen, wo die Göttin Ischtar als Kriegerin neben dem Ring, den sie in der Hand hält, am rechten Oberarm einen weiteren Reif zu tragen scheint?

Möglicherweise hätten wir, was Palästina bzw. Judäa betrifft, ein deutlicheres Bild, als es uns jetzt zur Verfügung steht, wenn eine 1960 in Ramat Rachel gefundene Scherbe aus dem ausgehenden 7. Jahrhundert v. Chr. mit der Darstellung eines thronenden judäischen Fürsten (?) nicht so unglücklich begrenzt wäre. Nun ist nämlich nicht mehr zu sehen, was der Dargestellte in den beiden ausgestreckten Händen gehalten hat (Ring und Stab?). Da er nicht in kriegerischer Tracht ist, so bietet, wenn es sich wirklich um den König Jojakim von Juda (609–598) handeln sollte, andererseits das Fehlen eines Reifens am rechten Oberarm keinen Grund zur Verwunderung, sofern dieser nur zur königlichen Rüstung gehört haben mag[100, 101].

[98a] Von 2. Sam. 1, 10 aus ist es weithin üblich geworden, in 2. Kön. 11, 12 *ha-ṣeʿādōt* also „die Armspangen", an Stelle des dort überlieferten „das Zeugnis" (*hā-ʿēdūt*) zu lesen, aber, wie *Gerhard von Rad*, Das judäische Königsritual, in: Theologische Literaturzeitung 72 (1947), Sp. 211 ff., hat zeigen können, zu Unrecht, da es sich in dem strittigen Wort doch wohl um einen Bezug auf das Königsprotokoll handelt. An ein königliches Emblem mag jedoch bei *miśrāh* Jes. 9, 5 zu denken sein. Die Frage ist nur, welches gemeint sein könnte.

[99] Vgl. oben S. 34 mit Titelbild.

[100] Vgl. die beiden Abb. 12 und 13 nach *Yohanan Aharoni*, Excavations at Ramat Raḥel. Seasons 1959 and 1960, Rom 1962, Tafel 28 bzw. Abb. 30a (Zeichnung) mit S. 42f., sowie zur Frage der geschichtlichen Einordnung des Stückes *Paolo Matthiae*, The painted Sherd of Ramat Raḥel, in: *Yohanan Aharoni*, Excavations at Ramat Raḥel. Seasons 1961 and 1962, Rom 1964, S. 85ff.

[101] Es ist immerhin bemerkenswert, daß bei den persischen Großkönigen Armreifen als Herrschaftszeichen eine Rolle gespielt und daß die byzantinisch-römischen Kaiser sie von dort übernommen haben, dies sogar gegen lebhaften Widerspruch, da Armspangen als unmännlich galten (vgl. *Percy Ernst Schramm*, Herrschaftszeichen und Staatssymbolik II, Stuttgart 1955, S. 538 nebst Nachtrag, a.a.O., III, Stuttgart 1956, S. 1102, mit Hinweisen auf die Literatur). Ausgesprochen auffällig ist eine Überlieferung bei Symeon von Durham, nach der die Investitur von Guthred als König von Northumbrien auf Grund einer Weisung des heiligen Cuthred an den Abt Eadred im Jahre 883 mittels einer einzigen am rechten Arm getragenen Armspange bzw. eines Armringes vollzogen worden ist (... *posita in brachio eius dextro armilla in regnum constituatur*). Die Frage etwaiger geschichtlicher Zusammenhänge kann hier nicht erörtert werden. Vgl. zu der Nachricht weiter *Karl Hauck* bei *Schramm*, a.a.O., I, Stuttgart 1954, S. 190f.

Aber wie es nun gewesen sein mag – daran kann nicht gezweifelt werden, daß man auch im Palästina der israelitischen und der nachisraelitischen Zeit um die Symbolik des Ringes genau gewußt und auch von ihr Gebrauch gemacht hat. Dan. 6, 16 und Esth. 3, 10; 8, 2.8 kennen den Ring des Königs als Symbol seiner Herrschaft und wissen darüber hinaus, daß derjenige, dem der König einen Ring verleiht, durch ihn als Teilhaber an der königlichen Macht ausgewiesen wird[102]. Sehr viel stärker in die zeitliche und sachliche Nähe zu Luk. 15, 22 führen allerdings Stellen wie 1. Makk. 6, 14f. und Josephus, Antiquitates Judaicae 12, 360, von denen die zweite die erste aufnimmt und zum Teil auch verdeutlicht[103]. Hier wie dort wird unter den königlichen Emblemen ausdrücklich der Ring des Königs genannt, und zwar so, daß der sterbende König Antiochos IV. Epiphanes durch dessen Zuweisung an seinen noch unmündigen Sohn, Antiochos V. Eupator, diesen in aller Form als den künftigen Herrscher bestimmt.

Nun darf man wie bei allen hier zitierten Überlieferungen auch bei dieser letzten nicht übersehen, daß sie in dem Ring etwas Königliches sieht. Es ist daher von einigem Interesse, daß auch im letzten Willen des Herodes (40 bzw. 37–4 v. Chr.) sein königlicher Siegelring bei der Bestimmung seines eigentlichen Nachfolgers und Haupterben eine entscheidende Rolle gespielt hat, wie Josephus ebenfalls überliefert[104]. Gerade

---

[102] Aus Hag. 2, 23; Sir. 49, 11 mit der bildhaften Bezeichnung Serubabels als Ring an Gottes (rechter) Hand (vgl. schon Jer. 22, 24) scheint die Überzeugung zu sprechen, daß der König des Volkes Gottes als solcher auch der Repräsentant der Machtentfaltung Gottes in der Welt ist.

[103] 1. Makk. 6, 14f.: Als Antiochos seinen Tod herankommen spürte, (14) ἐκάλεσεν Φίλιππον, ἕνα τῶν φίλων (Günstlinge) αὐτοῦ καὶ κατέστησεν αὐτὸν ἐπὶ πάσης τῆς βασιλείας αὐτοῦ· (15) καὶ ἔδωκεν αὐτῷ τὸ διάδημα καὶ τὴν στολὴν αὐτοῦ καὶ τὸν δακτύλιον τοῦ ἀγαγεῖν Ἀντίοχον τὸν υἱὸν αὐτοῦ καὶ ἐκθρέψαι αὐτὸν τοῦ βασιλεύειν.
Josephus, Antiquitates Judaicae 12, 360: ὁ δ' Ἀντίοχος πρὶν ἢ τελευτᾶν καλέσας Φίλιππον ἕνα τῶν ἑταίρων τῆς βασιλείας αὐτὸν ἐπίτροπον καθίστησιν, καὶ δοὺς αὐτῷ τὸ διάδημα καὶ τὴν στολὴν καὶ τὸν δακτύλιον Ἀντιόχῳ τῷ παιδὶ αὐτοῦ ταῦτα ἐκέλευσε κομίσαντα δοῦναι, δεηθεὶς προνοῆσαι τῆς ἀνατροφῆς αὐτοῦ καὶ τηρῆσαι τὴν βασιλείαν ἐκείνῳ.
Die beiden Stellen sprechen, wie besonders hervorgehoben sei, außer von dem königlichen Ring auch von dem Diadem und von einem besonderen Gewande des Königs. Es wird daher im Zusammenhang mit dem Luk. 15, 22 ebenfalls genannten Gewande nochmals auf sie einzugehen sein (vgl. unten S. 42f.).

[104] Josephus, De Bello Judaico 1, 667ff.; vgl. Ant. Jud. 17, 194f. Die Einzelheiten des in mehrfacher Hinsicht interessanten Berichtes können hier unerörtert bleiben. Es mag nur darauf hingewiesen werden, daß der Besitz des Ringes den Archelaos, den Überbringer des mit jenem versiegelten Testaments des Herodes an den Kaiser zum Zweck von dessen Bestätigung, eindeutig als Erbsohn ausweist.

deshalb bedarf es der Beachtung, daß im Testament Judas (12, 4) wenigstens in einer Handschrift neben dem Diadem und dem Stabe auch der Ring als königliches Emblem des Stammvaters Juda genannt wird[105]. Das alles belegt die Kontinuität der mit dem Ring von alters her verbundenen Vorstellungen auf palästinischem Boden. Diese Kontinuität wird noch dadurch unterstrichen, daß hier der Sagenkreis um König Salomos Zauberring ausgebildet und von da in die Märchen des Vorderen Orients und in die Märchenwelt auch des Abendlandes weitergewandert ist[106].

Überblickt man das vorgelegte einerseits gewiß recht lückenhafte, andererseits aber sicher zuverlässige und aufschlußreiche Material und stellt die Szene mit dem Ring in der Erzählung vom „verlorenen" Sohn in seinen Zusammenhang, so ergibt sich zweierlei. Das eine ist: In dieser Szene wird in dem Ring nicht etwa nur ein Schmuckstück übereignet, sondern Macht übertragen, und zwar erhält der zurückgekommene Sohn, wenn er auf Weisung des Vaters mit einem Ring ausgestattet wird, Anteil an der väterlichen Macht und kommt so zu einem Status, der ihn befähigt, selbst Befehle zu geben. Das andere ist: Der Vater gewinnt in einer eigentümlichen Weise die Züge einer königlichen Gestalt; denn so wie er mit dem zurückgekommenen Sohn verfährt, verfahren eben die Herrscher der Zeit, wenn sie den Erben bestimmen. Behalten wir gerade dieses Letzte im Auge – es wird uns noch zum Anlaß ziemlich unerwarteter Einsichten werden!

7. Gewand, Ring und Schuhe
als konstitutive Elemente der Re-Investitur des „verlorenen" Sohnes
als Sohn wie zuvor

Durch den Ring wird also der jüngere Sohn wieder das, was er war, ehe er sich von seiner Sippe „abtrennte", und er wird zugleich dasselbe, was der ältere Sohn noch ist. Dieser ist im Haus des Vaters geblieben und war deshalb immer bei ihm (V. 31). Aber nun ist auch der jüngere Bruder

---

[105] Vgl. hierzu einerseits Gen. 38, 18.25 im Grundtext, andererseits dieselben Stellen in der Übersetzung der Septuaginta sowie äthiop. Jubiläenbuch 41, 11.18.
[106] Vgl. *Georg Salzberger*, Die Salomosage in der semitischen Literatur. Ein Beitrag zur vergleichenden Sagenkunde. I. Teil: Salomo bis zur Höhe seines Ruhmes. Philos. Dissertation Heidelberg, Berlin 1907, S. 92ff., passim.

wieder da und als Sohn und Bruder, als „dieser dein Bruder", angenommen. Dazu ließe sich nun noch mancherlei sagen. Aber hier geht es ja nicht um die Klärung aller Fragen, die sich mit unserer Gleichniserzählung verbinden, sondern im wesentlichen um die richtige Bestimmung der Maßnahmen des Vaters zugunsten des „verlorenen" Sohnes. Von ihnen konnte die mittlere als eine typische Investiturhandlung bestimmt werden. Darf man darüber hinaus von einer *Re*-Investitur sprechen? Oder ist es richtiger, hier lediglich eine neue Investitur zu erkennen?

Sofern hier eine Entscheidung möglich ist, kann sie nur in Verbindung mit der Interpretation der der Übergabe des Ringes vorausgehenden Maßnahme erfolgen. Diese hat es mit der Einkleidung des Zurückgekommenen zu tun. Nun hält der Erzähler ohne Frage eine Versehung mit Kleidung in diesem Falle für unerläßlich. Aber über eine bloße Einkleidung wird weit hinausgegriffen. Es wird ja nicht etwa das Nötigste an Kleidung gegeben, sondern etwas ganz Besonderes.

Daß es sich für den Erzähler in der Tat bei dem Gewande um etwas Besonderes handelt, steht für die Auslegung außer jeder Frage. Was indes nicht ohne weiteres klar ist, ist, worin nun das Besondere liegt. Das begründet sich darin, daß im Text von einer στολὴ ἡ πρώτη die Rede, daß aber nicht deutlich ist, was die nähere Bezeichnung der στολή als πρώτη anspricht. Die entscheidende Frage ist, ob wir mit ihr eine Aussage lediglich über die Qualität des gemeinten Gewandes erhalten oder ob der Zusatz einen zeitlichen Bezug feststellen soll.

In der Auslegung ist es heute das Gewöhnliche, daß der erste Weg beschritten wird. Er ist sogar so selbstverständlich, daß sich Zitate und Namen erübrigen. Die Begründung wird ganz allgemein der Verwendung von πρῶτος als Bezeichnung einer Rangfolge entnommen[107]. Das gemeinte Gewand wird von ihr aus als das kostbarste bestimmt, das überhaupt im Hause zu finden ist. Es wird hinzugefügt, als solches diene es dazu, demjenigen, dem es gegeben wird, besondere Ehre zu erweisen.

Erscheint das auf den ersten Blick als einleuchtend, so müssen sich doch bei näherer Beschäftigung mit den zeitgenössischen Verhältnissen gerade hier starke Bedenken melden. Zwar ist nicht zu bezweifeln, daß es um die Zeitwende üblich war, in vornehmen und wohlhabenden Häusern festliche

---

[107] Vgl. nur *Walter Bauer*, Griechisch-deutsches Wörterbuch zu den Schriften des Neuen Testaments und der übrigen urchristlichen Literatur[5], Berlin 1958, Sp. 1439, unter πρῶτος 1 c α.

Kleidung für Gäste bereitzuhalten; wir hören gelegentlich von ganzen Truhen voll solcher Tafelkleider[108]. Auch pflegten damals Potentaten, gerade im Osten, kostbare Gewänder als Auszeichnung zu vergeben[109]. Hätte indes ein solcher Akt in unserer Erzählung überhaupt und nun noch gar dort in ihr, wo die στολὴ ἡ πρώτη erscheint, einen im Kontext begründeten Sinn? Was soll hier ein „prima Gewand", ein „Festkleid"[110]? Gewiß war es richtig, wenn die Exegese unter dem Einfluß von ADOLF JÜLICHER[111] mit der lange üblichen allegorischen Erklärung der einzelnen Züge in den Gleichnissen Jesu brach und davon auch unsere Stelle und unsere Wendung nicht ausnahm[112], um sich im Gegenteil der größten Nüchternheit zu befleißigen. Aber ebenso gewiß ist nun hier dem Prinzip der Nüchternheit um jeden Preis die entscheidende Nuance des Ausdrucks zum Opfer gefallen. Und nicht nur das! Es ist sogar so, daß „das Festkleid" da und dort einer neuen Allegorese den Weg bereitet hat. Das ist einfach die Folge dessen, daß ein Festkleid im Zusammenhang keine wirkliche, vor allem auch keine selbständige Relevanz zu gewinnen vermag, ganz anders als der gleich darauf genannte Ring, und daß es daher, wenn man es schon im Text entdeckt, auf eine über den bloßen Wortsinn hinausgehende Deutung hindrängt[113]. So läßt sich, was das heute übliche Verständnis

---

[108] *Martial* II, 46: sic tua subpositis conlucent prela lacernis,
   sic micat innumeris arcula synthesibus,
   atque unam vestire tribum tua candida possunt,
   Apula non uno quae grege terra tulit.
[109] Vgl. nur Esth. 6, 7ff.; 8, 15.
[110] So *Bauer*, a.a.O.
[111] Über ihn und seine bahnbrechende Rolle in der Geschichte der Gleichnisexegese vgl. das zu Anfang, S. 9ff., Gesagte.
[112] *Jülicher* bietet a.a.O., II, S. 351, eindrucksvolle Proben der allegorischen Exegese des Gewandes, das dem Sohn bei der Heimkehr angetan wird. Näheren Eingehens auf sie bedarf es hier nicht.
[113] Das ist sogar bei *Jeremias*, a.a.O., S. 130 (vgl. S. 118) der Fall. Er glaubt nämlich, in dem Anlegen des „kostbaren" Gewandes, das für den damit Bedachten zugleich ein neues Gewand sei, das „Sinnbild der Heilszeit" erkennen zu sollen. Mag diese Metapher anderswo eine Rolle spielen – hier ist ihre Heranziehung sicher fehl am Platz. In verwandter Weise sieht *Julius Schniewind*, Das Gleichnis vom verlorenen Sohn (= Wege in die Bibel 2), Göttingen 1940, S. 26, in dem „Festgewand" ein Bild für „eine ganz neue Existenz". Oder *Ulrich Wilckens* s.v. στολή im Theologischen Wörterbuch zum Neuen Testament VII, Stuttgart 1964, S. 691, 4ff.: „Daß es eine πρώτη στολή ist, bringt die im Gleichnis zweifach betonte Bevorzugung des Umkehrenden als des zum Leben gekommenen Toten (Luk. 15, 24.32) zu sichtbarem Ausdruck." Es erübrigt sich, weitere Beispiele dieser Art zu geben. Was hier interessiert, ist nur der Ansatz zur Allegorie, der sich mit der landläufigen Exegese in diesem Punkt verbindet, nicht die Art, in der es dann zur Allegorisierung kommt.

der στολὴ ἡ πρώτη als „kostbarstes" oder „besonders kostbares" Gewand im Sinne eines Fest- oder Ehrenkleides betrifft, sagen, daß ihm verschiedene Schwächen anhaften, die dazu nötigen, es trotz seiner Verbreitung in seinem Recht in Frage zu stellen.

Der zweite Weg des Verständnisses, der das die Besonderheit des Gewandes hervorhebende πρῶτος als Kennzeichnung der Reihen- oder der zeitlichen Folge nimmt, bedarf deshalb nun doch der Erwägung. Er verdient eine nähere Prüfung schon deshalb, weil er in der Exegese der Alten Kirche tatsächlich beschritten worden ist[114]. Sprachlich macht er keine Schwierigkeiten. Der Gebrauch von πρῶτος im Sinne von πρότερος, also als „erster" unter mehreren oder als „erster" in der zeitlichen Folge, ist nicht nur im zeitgenössischen Griechisch durchaus gewöhnlich[115], sondern auch bei Lukas nachweisbar[116]. Zwar hat man für das soeben abgewiesene Verständnis des Wortes an unserer Stelle unter anderem geltend gemacht, in ihm liege ein Semitismus vor[117]. Indes läßt sich dasselbe auch für das nun erwogene Verständnis anführen[118]. So läßt sich von hier aus jedenfalls ein entscheidendes Argument pro oder contra nicht gewinnen.

Die Entscheidung kann also allein im Bereich der Sachexegese fallen. Was sie betrifft, so fordert aber der Kontext geradezu gebieterisch, daß das dem „verlorenen" Sohn bei seiner Rückkehr in das Vaterhaus zugewiesene Kleid kein anderes ist als dasjenige, das früher sein Kleid war, als er die $k^e ṣāṣāh$ noch nicht vollzogen hatte – das Kleid also, das er zurückließ, als er das Haus verließ, in dem er Sohnesstellung und Sohnesrecht besaß. Er mußte es zurücklassen, weil es ihn sonst vor denen, die es anging, weiter als „Sohn" ausgewiesen hätte, während er doch nun kein „Sohn" mehr war.

Es geht also nicht um die Kostbarkeit dieses Gewandes und erst recht nicht um die mit ihm verbundene Ehrung seines Trägers, sondern um seinen emblematischen Charakter. Wahrscheinlich wird darauf sogar aus-

---

[114] Zusammenstellungen in älteren Kommentaren, so zum Beispiel bei *Zahn*, a.a.O., S. 565, Anm. 72.

[115] Belege bei *Bauer*, a.a.O., Sp. 1438. Übrigens bietet auch *Josephus* allerlei einschlägiges Material, vgl. zum Beispiel Antiquitates Judaicae 2, 86; 16, 1. 68.258; 19, 323; De Bello Judaico 1, 526.601; 5, 255.

[116] Vgl. vor allem Apg. 1, 1, aber auch Luk. 11, 26.

[117] Vgl. *Joachim Jeremias*, Zum Gleichnis vom verlorenen Sohn, Luk. 15, 11–32, in: Theologische Zeitschrift 5 (1949), S. 230.

[118] Es gibt einen πρῶτος = πρότερος entsprechenden Gebrauch von *rišōn* („erster") im Späthebräischen. Man vgl. die Wörterbücher!

drücklich hingewiesen, wenn es im Text als στολή bezeichnet wird. Dies griechische Wort kann nämlich durchaus einem so bezeichneten Gewande den Charakter eines förmlichen Insigniums zusprechen. Das ist in besonders eindrucksvoller Weise der Fall in jenem Bericht über die letzten Verfügungen des seleukidischen Königs Antiochos IV. Epiphanes angesichts seines nahen Todes, der bereits im Zusammenhang mit der Besprechung der Symbolik des Herrscherringes angeführt wurde[119]. Hier verfügt nämlich der sterbende König außer über sein Diadem und über seinen Ring auch über seine στολή zugunsten seines noch unmündigen Nachfolgers. Mit dieser στολή kann nach dem Zusammenhang nur der Ornat gemeint sein, der den Herrscher als solchen kenntlich macht. Er darf keinesfalls in die falschen Hände geraten; es könnte ja sein, daß das das Ende der Dynastie bedeuten würde. Es ist natürlich ziemlich belangreich, daß wir das alle so auch bei Josephus lesen, der ein Zeitgenosse des Verfassers des Lukas-Evangeliums gewesen ist. Indes ist das Zusammentreffen von Josephus und Lukas im Gebrauch von στολή durchaus nichts Singuläres. Beide stehen vielmehr in einer Linie, die den Gebrauch des griechischen Wortes überhaupt und von jeher begleitet, sofern dieses immer und überall mit Charakteristischem in der Oberkleidung zu tun hat. στολή ist also sogar das gegebene Wort, wenn es sich darum handelt, ein Kleidungsstück mit Insigniumcharakter als solches zu bezeichnen[120].

So wird es, ohne daß es zu sprachlichen Schwierigkeiten kommt, vom Sachlichen her entgegen der heute üblichen Auslegung richtig sein, in der gewiß ebenso sorgfältigen wie respektvollen Bekleidung des „verlorenen" Sohnes mit dem Gewand, das er einstmals als Sohn trug und das ihn als solchen auswies, solange er es war, den ersten Akt einer völligen Re-Investitur zu erkennen, dem dann auf Grund dessen, daß die $k^e\d{s}\bar{a}\d{s}\bar{a}h$ mit ihren Folgen nunmehr durch den Vater kassiert ist, in der Begabung mit dem Ring der zweite Akt folgt, in dem der Vater dem erneuerten Status des Sohnes die Wiederverleihung der in seinem Vertrauen beruhenden Sohnesvollmacht hinzufügt.

Die hier vorgelegte Auslegung hat zum Beispiel im 11. Jahrhundert der gelehrte griechische Theologe und Exeget THEOPHYLAKT vertreten, in der älteren protestantischen Auslegung kein Geringerer als der angesehene

---

[119] Die Texte sind in Anm. 103 im Wortlaut mitgeteilt.
[120] Vgl. die Nachweise bei *Karl Heinrich Rengstorf*, Die στολαί der Schriftgelehrten, in: Abraham unser Vater. Juden und Christen im Gespräch über die Bibel. Festschrift für Otto Michel zum 60. Geburtstag, Leiden/Köln 1963, S. 383 ff., besonders S. 389 ff.

Wittenberger Professor und Generalsuperintendent ABRAHAM CALOV (1612–1686). Allerdings haben sie ihre richtige Einsicht, gemeint sei das von dem jüngeren Sohne vor seinem Auszug aus dem Elternhaus getragene Gewand, selbst verdunkelt. Sie haben sie nämlich zur Grundlage einer allegorischen Deutung gemacht und gemeint, letztlich sei bei dem Gewand an die von Adam verlorene ursprüngliche Gerechtigkeit zu denken. Beide haben sich deshalb Dogmatismus vorwerfen lassen müssen, vor allem CALOV, zumal bei ihm überhaupt die Schriftauslegung der Begründung des Dogmas dient. Wenn ihnen aber vorgehalten wird, ihre Exegese – und nur um sie geht es jetzt – stehe im Widerspruch mit Vers 13[121], so trifft das die beiden nicht. Der Einwand geht davon aus, der Sohn habe bei seinem Fortgang alles mitgenommen, was sein eigen war, und das habe zur Folge, er habe ein Gewand, das einst benutzte, gar nicht mehr vorfinden können. Aber gerade das stimmt nicht. Wo es zur $k^e\d{s}\=a\d{s}\=ah$ kam, blieb das den Sohn als Sohn kennzeichnende Gewand selbstverständlich zurück, einmal, um es – wie bereits bemerkt – jedem möglichen Mißbrauch zu entziehen, vor allem aber deshalb, weil es seinem Wesen nach nicht an eine Person, sondern an das Haus und den Status des Sohnes in ihm gebunden war. Deshalb kann es auch bereitliegen, wenn ein „verlorener" Sohn in seinen alten Status zurückkehrt. Nahe an das hier vertretene Verständnis der Bekleidung in Luk. 15, 22 als Teil eines Re-Investitur-Aktes[121a] führt übrigens JOHANNES CALVIN heran, wenn er in seiner Auslegung zu dieser

---

[121] So zum Beispiel *Heinrich August Wilhelm Meyer*, Kritisch-exegetisches Handbuch über die Evangelien des Markus und Lukas[5], Göttingen 1867, S. 473.

[121a] Zur Geschichte des Verständnisses von Luk. 15, 22 als Investitur-Akt machte *Eleanor von Erdberg-Consten* in der dem Vortrag folgenden Diskussion einige aufschlußreiche Bemerkungen. Sie folgen hier wörtlich, weil sie ebenfalls in die griechische Kirche des 11. Jahrhunderts führen:
„Die Kunst des Abendlandes hat die Geschichte vom Verlorenen Sohn erst im hohen Mittelalter in ihren Themenkreis einbezogen. Ich sah aber eine byzantinische Handschrift aus dem 11. Jahrhundert (Paris, Bibl. Nat. Ms. grec. 74) in: *Ewald Vetter*, Der verlorene Sohn. Lukas-Bücherei zur christlichen Ikonographie, Band VII, Düsseldorf 1955, in der dieses Gleichnis mit sechs Miniaturen in schmalen Streifen illustriert ist. Im Zusammenhang mit dem, was Sie gesagt haben, ist es interessant, daß die Einkleidung in das Gewand und die Übergabe des Ringes und der Schuhe als letzte wichtige und raummäßig breit angelegte Szene den Höhepunkt der Darstellung bildet. Der Vater ist in dieser Gruppe nicht anwesend; nur die drei Knechte stehen in einer fast hierarchischen Anordnung um den Sohn herum, der auf einem erhöhten Sitz thront. Es scheint mir, daß es ein Faltstuhl ist. Der Faltstuhl war damals ein Symbol des Höhergestellten oder des Herrschers. Dieser Stuhl ist noch durch eine breite Fußplatte erhöht, auf die der Sohn die Füße gestellt hat und dem Sklaven darbietet, der mit den Schuhen hinzutritt (Abb. 14). In dem genannten Buch

Stelle bemerkt: „Quamquam in parabolis, ut saepius dictum est, singulas minutias executere ineptum foret, hic tamen non torquebitur litera, si dicamus, coelestem patrem non modo ignoscere peccatis nostris, ut eorum memoriam sepeliat, sed dona etiam restituere, quibus eramus exuti ..."

Nun bleibt nur noch ein abschließendes Wort über die Ausstattung des Heimgekommenen auch mit Schuhwerk zu sagen. Nach den bisherigen Einsichten muß es zwei Bedingungen genügen. An erster Stelle muß sich, wenn wir bisher richtig erklärt haben, auch dieser dritte Akt der Re-Investitur einfügen lassen. Des weiteren aber fordert der Charakter des Ganzen, wenn es mit Recht als Re-Investitur bestimmt ist, daß diese nun, gerade sofern es sich um die Re-Investitur eines „abgetrennten" = „verlorenen" Sohnes handelt, erst mit diesem Akt vollständig wird, so daß das ganze Verfahren erst mit ihm seinen Höhepunkt erreicht. Das führt natürlich vor die Frage, wieso sich der Höhepunkt des Re-Investitur-Verfahrens nach den doch so viel anschaulicheren Akten mit dem Ornat und dem Ring ausgerechnet mit dem Anlegen von Schuhen verbinden kann. Mit anderen Worten: Es muß versucht werden zu klären, welche Symbolik sich mit dem Schuh oder den Schuhen verbindet und welche besondere Bedeutung die Manipulation mit ihnen an unserer Stelle hat.

Wie uns eine gründliche Monographie über den Ring in Antike und Christentum fehlt, so gibt es auch nichts Entsprechendes über das Schuhwerk[121b]. Deshalb können auch hier wieder nur mehr zufällige und nicht systematisch aufgearbeitete Beobachtungen und Funde vorgelegt werden. Es hängt nicht nur hiermit, sondern auch mit dem allgemeinen Milieu zusammen, in dem wir in unserer Gleichniserzählung stehen, wenn dabei

---

bietet eine byzantinische Handschrift aus dem 12. Jahrhundert eine ähnliche Darstellung (Abb. 15).
In der Kunst am Anfang der Neuzeit ist gerade diese Szene, die in den spätmittelalterlichen Miniaturen noch eine wichtige Rolle spielte, nur noch ein Teil – und kein wesentlicher – der Feierlichkeiten bei der Wiederkehr des Sohnes, weil die Künstler im Gleichnis des Verlorenen Sohnes viel mehr das einzeln-menschliche, das persönliche Erlebnis betonen. Rembrandt hat in erschütternder Weise die Aufnahme des Sohnes durch den Vater dargestellt. Weil die ursprüngliche Bedeutung der Re-Investitur nicht mehr verstanden wurde, nimmt sie in den stark genrehaften Bildern, zum Beispiel des 17. Jahrhunderts, einen geringeren Raum ein."
[121b] Vgl. jedoch unter anderem die von *E. A. Speiser* gegebenen Materialhinweise: Of Shoes and Shekels, in: Bulletin of the American Schools of Oriental Research Nr. 77 (1940), S. 15ff., ferner *Hug* bei Pauly-W. II. Reihe, 3. Halbband, Stuttgart 1921, Sp. 741–758 und s. noch Anm. 135.

alttestamentlichem und nachbiblischem jüdischem Material besondere Aufmerksamkeit und Beachtung zugewandt wird.

Wir knüpfen am besten direkt an früher Gesagtes an. Damals wurde unter anderem darauf hingewiesen, daß es im Orient nicht allein üblich war, daß Sklaven ihren Dienst im Hause barfuß taten, sondern daß man sich dort auch des Schuhwerks entledigte und immer noch entledigt, wenn man als Gast ein fremdes Haus betritt, in dem noch die herkömmlichen Vorstellungen und Sitten herrschen. Der moderne Europäer mag geneigt sein, das mit gewissen hygienischen Notwendigkeiten zu begründen, etwa damit, daß die Straßen in den Ortschaften voller Unrat und die Wege draußen entweder staubig oder morastig sind und daß man das Haus vor dem mit der Fußbekleidung mitgeschleppten Schmutz bewahrt sehen möchte. Tatsächlich werden die Dinge aber ganz anders liegen. Betreten des eigentlichen Hauses durch den Gast, ohne die Schuhe abzulegen, erscheint als Verstoß weniger gegen das Gebot der Reinlichkeit als gegen das Gastrecht. Wenn es aber so ist, dann legt sich doch der Gedanke nahe, daß hier der Schuh als Rechtssymbol erscheint, durch das, wenn es unter bestimmten Umständen verwendet wird, rechtliche Tatbestände entweder überhaupt zustandekommen oder aber offenkundig werden. Das würde einschließen, daß sich durch Schuhe, wenn sie am unrechten Ort getragen werden, ein zu Unrecht erhobener Rechtsanspruch bekundet oder, wenn es versehentlich geschieht, doch der Eindruck eines solchen erweckt wird. Es liegt nahe, daß sich ein solcher Anspruch, wirklich oder vermeintlich, auf das bezieht, was man betritt oder betreten hat. Das ist in dem Falle, daß es sich um ein Haus handelt, der Boden, auf dem es steht, das Haus selbst natürlich eingeschlossen. Wenn das richtig ist, dann geht es im Schuhsymbol um die Bekundung von Besitzrecht, besonders hinsichtlich Grund und Boden, und um die Geltendmachung von entsprechender Verfügungsgewalt.

Leider ist es wesentlich schwieriger als beim Ring, für den Schuh als Rechtssymbol im Bereich unserer Erzählung durchschlagende archäologische Belege beizubringen. So ist es sicher ein beschuhter Fuß, den der Lulubäer-Fürst Annubanini auf den besiegten Feind setzt[122]; darf aber nur daraus schon auf das Vorhandensein bestimmter Vorstellungen geschlossen werden, die sich, auch abgesehen von der an sich eindeutigen Geste, mit dem Schuh verbinden? Hier ist in jedem Falle Zurückhaltung geboten. Aus demselben Grunde wird man sich mit der vorsichtigen Frage begnügen

---

[122] Vgl. oben Abb. 1 und dazu S. 32f.

müssen, ob es etwa in den Zusammenhang einer Rechtssymbolik des Schuhs gehört, wenn die hethitischen Könige als Teil ihrer königlichen Tracht Schuhe getragen haben[123], das heißt, ob bei ihnen die Schuhe auch die Funktion hatten, jene als die unbeschränkten Herrscher ihres Landes auszuweisen[124]. In den Briefen eines gewissen Labaja, wahrscheinlich eines hethitischen Vasallen im Süden Palästinas, an den Pharao aus der Zeit zwischen 1385 und 1368 v. Chr., die innerhalb der Amarna-Tafeln[125] enthalten sind[126], bezeichnet sich der Absender zweimal als „dein Diener und der Staub, auf den du trittst"[127]. Das ist ein ganz eindeutiges Bild dafür, daß er sich völlig in der Verfügungsgewalt des Pharaos weiß[128] – aber da wird nun wieder nichts von Schuhen gesagt. In einer dem Sinne nach verwandten Weise als Rechtssymbol erscheint wieder der Fuß, aber eben nicht der Schuh, in einigen Adoptionsurkunden aus Nuzi, die ungefähr aus derselben Zeit stammen (15./14. Jahrhundert v. Chr.), aber wohl etwas älter sind: Mit Bezug auf die Übertragung bzw. die Übernahme von Grundbesitz ist hier vom Hochheben bzw. vom Niedersetzen des Fußes die Rede[129]; dabei ist die Symbolik durchsichtig[130] – leider wird nur durch nichts angedeutet, daß der Fuß mit einem Schuh angetan sein muß.

Vermag somit in der aufgeworfenen Frage der östliche und nördliche alte Orient nicht über mehr oder minder begründbare Vermutungen hinauszuführen, so enthält das Alte Testament einige literarische Zeugnisse,

---

[123] Vgl. *Margarethe Riemschneider*, Die Welt der Hethiter, Stuttgart 1954, S. 81f. mit Abb. 45. 68–70. 74f. 85. 91.

[124] Man vgl. auch das Bildmaterial bei *Ekrem Akurgal*, Die Kunst der Hethiter, München 1961, passim. Wenn Götter und Könige durchgängig beschuht dargestellt sind (vgl. zum Beispiel Abb. 140 = farbige Tafel XXIV: 2. Hälfte des 8. Jahrhunderts), so muß das noch nicht heißen, daß die Schuhe in besonderer Weise zu ihnen gehören, weil sich mit ihnen die Vorstellung des effektvollen Untertretens verbinde oder doch verbinden könne. Man darf nicht dagegen geltend machen, daß auf den hethitischen Darstellungen auch Priester und Offiziere (für diese vgl. etwa Abb. 119 aus derselben Zeit wie Abb. 140) Schuhe tragen, die doch beide, je auf ihre Weise, Substitute ihrer Herren seien. Andererseits sind hinsichtlich der beschuhten Gestalten unten auf einem reliefierten Gefäß mit polychromer Glasur aus der Zeit um 1400 v. Chr. (vgl. *Akurgal*, a.a.O., Tafel XIV) nur Vermutungen möglich.

[125] *J. A. Knudtzon*, Die El-Amarna-Tafeln I–II, Leipzig 1915.

[126] Vgl. a.a.O., I, S. 52f., sowie Nr. 252–254.

[127] Nr. 254, 2f.; vgl. Nr. 253, 3f.

[128] Es ist indessen auch möglich, daß er sich aus taktischen Gründen nur entsprechend verstellt.

[129] Vgl. *E.-M. Cassin*, L'adoption à Nuzi, Paris 1938, S. 291 (Harvard Semitic Series V, 58, 9f.); vgl. S. 278f. (n. 59, 10).

[130] *Cassin*, a.a.O., S. 291: „Cet acte symbolisait la prise de possession d'une terre."

die auf sichereren Boden führen. So verbindet sich in einem Wort Jesajas (Jes. 9, 3f.), gegen dessen Authentizität es keine zwingenden Gründe gibt, die Vorstellung der Befreiung von der Fremdherrschaft mit dem Aufräumen und der Beseitigung des zurückgebliebenen Habes und Gutes der verjagten oder fluchtartig abgezogenen assyrischen Soldateska, und zwar so, daß hier nicht allein die Soldatenmäntel, sondern auch die Soldatenstiefel genannt werden[131]. Da hier nicht auch von hinterlassenen Waffen und Geräten die Rede ist, legt sich die Annahme nahe, daß sich in der Nennung von fremden Soldatenstiefeln neben den Soldatenmänteln der Eroberer doch bestimmte Vorstellungen über die Unfreiheit des von ihnen betretenen Landes melden. Eindeutig ist das der Fall, wenn in Ps. 60, 10 der Psalmist David Gott die Worte in den Mund legt: „Auf Edom werfe ich meinen Schuh!"[132]; denn damit kann nach dem Zusammenhang nur eine Geste der Besitzergreifung im Blick auf Edom gemeint sein. Angesichts dessen scheint ein alter Ritus des Schuhausziehens, der sich in Verbindung mit dem Leviratsverfahren erhalten hat, ebenfalls von seinem Bezug auf Boden und auf das Verfügungsrecht über ihn seinen Sinn zu erhalten. Entschließt sich nämlich in diesem Verfahren der zur Heirat der Witwe seines Bruders Verpflichtete zum Verzicht auf sie und wird ihm deshalb von der verschmähten Schwägerin der Schuh ausgezogen, so geschieht das doch wohl zum Zeichen dessen, daß er auf Grund seines Verzichts auf die Witwe auch des Anteils seines Bruders am Landbesitz der Sippe verlustig geht (Deut. 25, 9f.)[133].

Was damit in das Blickfeld tritt, findet seine Bestätigung in einer ganzen Reihe alttestamentlicher Stellen, die den Gedanken der Übernahme von Land, das einer betreten hat, in sein Eigentum enthalten. Es handelt sich um einen Vorstellungskreis, der bezeichnenderweise einen festen Platz innerhalb der Überlieferungen über die Landnahme der israelitischen Stämme hat, und zwar durchgehend in der Form der Verheißung: Deut.

---

[131] Vgl. zu dem ganzen Abschnitt *Albrecht Alt*, Jesaja 8, 23 – 9, 6. Befreiungsnacht und Krönungstag, in: Festschrift Alfred Bertholet, Tübingen 1950, S. 29–49 = Kleine Schriften zur Geschichte des Volkes Israel II, München 1953, S. 206–226.

[132] Vgl. auch Ps. 108, 10 und die Kommentare zu den beiden Stellen.

[133] Dasselbe Verfahren, nur aus der Sicht der anderen beteiligten Seite, erscheint auch Ruth 4, 1ff. Im übrigen ist es beachtlich, daß Test. Sebulon 3, 4f. in einer Art homiletischer Verwebung der Erzählung vom Verkauf Josephs nach Ägypten durch seine Brüder (Gen. 37, 12ff.) mit Deut. 25, 5ff. den Schuh, hier in der Form der Sandale (?), mit Begriffen wie Eigentum und herrschaftliche Verfügung zusammenbringt.

1, 36; 11, 23 ff.; Jos. 1, 3; 14, 9. Aber auch hymnische Sätze wie Am. 4, 13; Mich. 1, 3 werden in diesen Zusammenhang gehören, wenn es in ihnen heißt, daß Gott auf die Höhen des Landes tritt; denn das dürfte nichts anderes besagen sollen, als daß er sie in Besitz nimmt und damit dokumentiert, wer Herr im Lande ist[134].

Leider bietet die Literatur des zeitgenössischen Judentums so gut wie nichts, was hinsichtlich der Symbolik des Schuhs weiterführt[135]. Immerhin hat das Targum Ps. 60, 10[136] in dem Sinne verstanden, hier sage Gott, er werde den Großen Edoms den Fuß auf den Nacken setzen, das heißt, sie zu Gefangenen und Sklaven machen. Und wenn die Regel gilt, man nehme ein Stück Land erst dann in Besitz, wenn man es der Länge und der Breite nach durchschritten habe, so wäre auch dann klar, was gemeint ist, wenn man nicht zugleich solches Gehen als Betreten und damit als Symbol des Besitzergreifens gedeutet hätte[137]. Wenn im Zusammenhang damit der Schuh nicht ausdrücklich erscheint, so wird der Grund sein, daß die Benutzung von Schuhwerk in einem solchen Falle selbstverständlich war.

Diese relativ wenigen profanen Stellen, die, vollends in ihrer Vereinzelung, mehr Andeutungen bringen, als daß sie Belege bieten, finden eine willkommene Ergänzung aus dem sakralen Raum. So setzt der Bericht über die Berufung Moses zum Befreier seines Volkes aus der ägyptischen Knechtschaft Ex. 3, 5 als selbstverständlich voraus, daß heiliger, das heißt von Gott durch seine Gegenwart in Besitz genommener, Boden nur betreten werden darf, nachdem die Schuhe abgelegt sind[138]. Daher verwundert es nicht, wenn nach der Meinung der Überlieferung schon während der Wüstenzeit Israels Aaron und seine Söhne ihren priesterlichen Dienst im Zeltheiligtum mit der Lade mit entblößten Füßen getan haben (vgl. Ex. 29, 20; Lev. 8, 23). Dasselbe muß für die Priester im Tempel von Jerusalem angenommen werden. Es darf als bezeichnend gelten, daß das Amtieren ohne Schuhe zwar nirgends ausdrücklich angeordnet, daß es aber immer und überall

---

[134] Auf die alte orientalische Vorstellung, daß die Götter auf den Bergen wohnen, braucht hier nur verwiesen zu werden.
[135] Man vgl. die wenig ertragreichen einschlägigen Aufsätze von *Ludwig Levy*, Die Schuhsymbolik im jüdischen Ritus, in: Monatsschrift für Geschichte und Wissenschaft des Judentums 62 (1918), S. 178–185; *Jacob Nacht*, The Symbolism of the Shoe with special Reference to Jewish Sources, in: The Jewish Quarterly Review, New Series VI (1915/16), S. 1–22.
[136] Zu Ps. 60, 10 vgl. bereits S. 48.
[137] Midrasch Genesis rabba 41 zu 13, 14 Ende.
[138] Man vgl. weiter Jos. 5, 15.

vorausgesetzt wird. Das ist sowohl bei Josephus als auch in der rabbinischen Literatur der Fall. JOSEPHUS gibt im Anschluß an die betreffenden Stellen der alttestamentlichen Gesetzgebung eingehende Schilderungen der priesterlichen Kleidung und des hohenpriesterlichen Ornates, erwähnt aber keine Fußbekleidung[139]. Daß auch der Hohepriester ohne Schuhe fungierte, läßt sich etwa der Nachricht entnehmen, daß man ihn in der Nacht des Versöhnungstages unter anderem dadurch wach erhielt, daß man ihn auf dem kalten Steinpflaster hin und her gehen ließ[140] – eine Maßnahme, die nur Sinn hatte, wenn er barfüßig war. Es kommt hinzu, daß Rabban Jochanan ben Zakkai nach der Tempelzerstörung die Sitte einführte, daß die Priester in den Synagogen den Segen ohne Sandalen sprechen[141]. Da das Rezitieren des Priestersegens die einzige gottesdienstliche Handlung ist, die den Priestern nach dem Ende des Tempelkultes vorbehalten geblieben ist, darf dem entnommen werden, daß es ein im Tempel geübter Brauch war, der in die nunmehr einzigen gottesdienstlichen Stätten des Judentums übernommen wurde. Im übrigen bedarf es keines Nachweises dafür, daß auch das Barfußgehen der Priester im Tempel nichts anderes ist als ein Ausdruck des Respekts vor dem, der hier das Besitzrecht hat, Gott selbst.

Damit rundet sich das Bild. Die Re-Investitur des „verlorenen" Sohnes erreicht wirklich erst in dem Anlegen der Schuhe ihre Vollständigkeit und damit auch ihren Höhepunkt. Es ist dieser dritte Akt, der nun auch wieder in das Besitzrecht einsetzt und den jüngeren Sohn so erneut dem älteren gleichstellt, obwohl er seinen ursprünglichen Anteil am Besitz seiner Sippe längst vertan hat. Dieser dritte Akt kennzeichnet ihn also gerade nicht als Freien im Unterschiede von den Sklaven[142], sondern als Herrn, der für den Erzähler der Sohn eines begüterten Hauses neben und unter seinem Vater ist, und der auch dieser Sohn war, bevor er sich vom Vaterhause trennte. Die einstige Position ist also ohne irgendeine Einschränkung der einstigen Rechte wieder erreicht. Auch dem jüngeren Sohn gilt, was der Vater dem älteren tröstend zuruft: „Alles, was mein ist, ist dein!"[143]. Der

---

[139] *Josephus*, Antiquitates Judaicae 3, 151 ff.; De Bello Judaico 5, 228 ff.
[140] Mischna Joma I, 7.
[141] Bab. Talmud Rosch haschana 31 b Bar.; Sota 40 a Bar.
[142] Vgl. dazu oben S. 28 f.
[143] Die Re-Investitur gewinnt, wenn man dies mit in Rechnung stellt, zugleich die Züge eines Adoptionsaktes, da in ihm von alters her derartige Versicherungen eine Rolle spielen (vgl. zum Beispiel die Adoptionsverträge aus Nuzi aus dem 15./14. Jahrhundert v. Chr. bei *E.-M. Cassin*, L'adoption à Nuzi, Paris 1938, S. 285 ff.). Wenn

Kreis ist geschlossen, und das Ende gleicht dem Anfang: Der „verlorene" Sohn ist wieder der Sohn seines Vaters, der er war, bevor seine „Abtrennung" erfolgte. Seine Investitur erweist sich damit in jeder Hinsicht tatsächlich als Re-Investitur.

8. Erwägungen zur Herkunft des Erzählungsstoffes

Aber damit stehen wir noch keineswegs am Ende. Im Gegenteil meldet sich nunmehr die Frage, welche Folgen es für das Verständnis unserer Gleichniserzählung hat, wenn, wie es nachgewiesen werden konnte, deren Mitte durch eine förmliche Re-Investitur-Handlung gebildet wird. Es bleibt allerdings nicht bei dieser einen Frage. Zu ihr gesellt sich noch eine weitere von nicht geringerem Gewicht. Sie hat es ihrerseits mit der Herkunft des Gegenstandes bzw. des Motivs der Erzählung zu tun und läßt sich schon deshalb nicht beiseite schieben, weil die Erzählung zwar im Evangelium des Lukas als eine Erzählung Jesu begegnet, aber doch selbst dazu nötigt, damit zu rechnen, daß wir in ihr die Umbildung einer älteren Erzählung vor uns haben. Dafür spricht allein schon, also ganz abgesehen von der Re-Investitur in ihrem Zentrum, daß bei näherem Zusehen im Bilde des Vaters unverkennbar gewisse königliche Züge hervortreten[144]. So drängt die Erzählung vom Verlorenen Sohn selbst darauf geprüft zu werden, ob sie nicht eine Vorgeschichte hat und ob es nicht möglich ist, Licht in diese zu bringen.

Es sind also zwei gewichtige Fragen, die zum Abschluß noch der Erörterung bedürfen. Zweckmäßig beginnen wir mit der zweiten, und zwar deshalb, weil von ihrer Beantwortung noch einiges für die Lösung auch des theologischen Problems zu erwarten ist, das die Erzählung aufwirft. Mit dieser zweiten Frage wenden wir uns natürlich einem sehr vielschichtigen Komplex zu. In erster Linie erfordert hier das Motiv der Erzählung

---

Re-Investitur und Adoption in dieser Weise zusammenrücken, so hat das natürlich seinen guten Sinn, da in dem hier behandelten Fall der Sohn „verloren" war. Kann auch auf das damit angesprochene Problem hier nicht weiter eingegangen werden, so darf doch darauf hingewiesen werden, daß auch bei den Römern das Maß der einem (Erb-)Sohn eigenen Vollmacht allein im Belieben des Vaters lag. Philo von Alexandrien verrät als ägyptischer Jude genaue Kenntnis der Verhältnisse, wenn er schreibt: ἡ γὰρ υἱοῦ παντελὴς ἐξουσία κατὰ τοὺς τῶν Ῥωμαίων νόμους ἀνάκειται πατρί ... (Legatio ad Gaium 28).

[144] Vgl. dazu schon oben S. 39.

als solches unsere Aufmerksamkeit, daneben aber auch die Art seiner Verarbeitung. Im Interesse der Übersichtlichkeit mag es erlaubt sein, das, worauf es ankommt, in großen Zügen herauszuarbeiten und alles andere, so interessant es auch sein mag, für jetzt im Hintergrund zu belassen.

Die Sache erfordert es, noch einmal das Milieu der Erzählung ins Auge zu fassen und, soweit möglich, diesbezügliche frühere Beobachtungen zu ergänzen[145]. Ist es, was dies betrifft, erlaubt, zunächst auf eine keineswegs selbstverständliche Weiträumigkeit der Erzählung hinzuweisen und ihr ein gewisses Gewicht zuzumessen? Es handelt sich vor allem darum, daß der Vater den heimkehrenden „verlorenen" Sohn schon sieht, „als er noch fern ist". Das ist ein Zug der Erzählung, der die Ausleger entweder überhaupt nicht zu näherem Eingehen veranlaßt oder aber von ihnen, wenn er nicht zum Anlaß allegorischer Deutung auf Gottes Entgegenkommen gegenüber bußfertigen Sündern wird, selbständiger Bedeutung beraubt wird. Indes wird man bei der ganzen Art der Erzählung doch davon ausgehen müssen, daß das „fern" seinen Sinn bei sich selbst hat. Daher ist es auch unter gar keinen Umständen angängig, in ihm eine Plerophorie zu sehen oder es gar nur für eine Bemerkung zu erklären, die allein den Sinn hat, das Verhalten des Vaters im Sinne des Ausdrucks seiner überschwenglichen Liebe zu dem heimkehrenden Sohn vorzubereiten, und zwar vom ersten Augenblick an[146]. Muß man also trotz aller unerläßlichen Aversion gegen die Allegorese damit rechnen, daß hier im Text ein leiser Hinweis darauf steckt, daß der Vater der Erzählung letztlich eben kein irdischer Vater ist, sondern Gott abbildet[147]? Soll man, wenn schon diese Gefahr von neuem auftaucht, dann nicht lieber annehmen, daß hier ein Zug vorliegt, der mit dem Stoff einer Erzählung als solchem gegeben ist und deshalb an seinem Ort in ihr nicht fehlt[148]?

---

[145] Vgl. oben S. 15.
[146] So, sehr nachdrücklich, *Jülicher*, a.a.O., II, S. 349: „Der Zug wird überhaupt nur eingefügt sein, um für die in dem Entgegenlaufen usw. liegende stürmische Äußerung väterlicher Liebe Platz zu schaffen; im Grunde soll es heißen: sobald ihn sein Vater erblickte, wurde er von Mitleid überwältigt."
[147] Vgl. die Kommentare, aber auch etwa *Jeremias*, a.a.O., S. 131: „Das Gleichnis schildert in überwältigender Schlichtheit: So ist Gott, so gütig, so gnädig, so voll Erbarmen, so überfließend von Liebe."
[148] Man übersehe nicht, daß der Erzähler auch ganz anders hätte verfahren können. Er hätte nämlich durch einen Sklaven dem Vater die Nachricht von der Rückkehr und dem Zustand des Sohnes zukommen und ihn daraufhin aufstehen und dem Heimkehrer mit allen Zeichen der Liebe und des Erbarmens entgegengehen lassen können. Aber so – und das wäre sogar milieugerecht (vgl. oben S. 15) – verfährt er gerade nicht, und das schwerlich ohne Grund!

An diesem Punkt hilft eine Zwischenüberlegung weiter. Bekanntlich schließt die Gleichniserzählung vom Verlorenen Sohn nicht mit einer Anwendung, sondern bietet sich selbst als reine Erzählung dar. Kommt also in der Breite der Erzählung und speziell beim Verweilen bei der Reaktion des Vaters gelegentlich der Heimkehr des „abgetrennten" Sohnes eines der epischen Gesetze der Volkspoesie zur Auswirkung[149]? Weshalb geschieht das dann aber unter den mit dem Namen Jesu verbundenen Gleichnissen in so ausgeprägter Weise nur in diesem? Solche Fragen drängen sich um so mehr auf, als auch die durch mancherlei Beobachtungen nahegelegte[150] und noch weiter begründbare[151] Annahme, in dem Vater unserer Erzählung präsentiere sich eine königliche Gestalt, nicht schon die Möglichkeit gibt, den hier besprochenen Zug mit der in ihm zutage tretenden Weiträumigkeit einleuchtend zu machen.

Erstaunlicherweise begegnet die Weiträumigkeit aber innerhalb des Gleichnisses noch ein weiteres Mal, nämlich in seinem zweiten und abschließenden Teil[152]. Dort tritt der ältere, zu Hause gebliebene Sohn auf den Plan. Den Tag über „auf dem Felde" (ἐν τῷ ἀγρῷ) für den Vater beschäftigt gewesen, hat er nach der Erzählung keine Ahnung von dem, was sich inzwischen, in seiner Abwesenheit, abgespielt hat und, wie er bald erkennt, erhebliche Auswirkungen für seine künftige Situation haben muß. Hier lassen sich nun einige nicht unwichtige Beobachtungen machen. Vor allem fällt auf, daß der Erzähler, der so liebevoll und ausführlich die näheren Umstände der Heimkehr des jüngeren Sohnes geschildert hat, überaus knapp wird, wenn er auf die Rückkehr des älteren Bruders vom Felde unter Umständen zu sprechen kommt, die doch alles andere als selbstverständlich sind. Wie sollen wir uns seine Lage vorstellen? Es sieht fast so aus, als sei es die Meinung des Erzählers, er habe seine Arbeit draußen allein getan und habe sich von ihr auch allein nach Haus begeben. Wie paßt das aber dazu, daß es für die Erzählung im Haus und in der Wirtschaft an Sklaven und sonstigem Dienstpersonal offenbar nicht fehlt und daß dieser Sohn, wenn man von den Worten des Vaters an ihn ausgeht[153], sogar ein Mitverfügungsrecht hinsichtlich des gesamten väter-

---

[149] So *Martin Dibelius*, Die Formgeschichte des Evangeliums², Tübingen 1933, S. 251.
[150] Vgl. dazu schon oben S. 39.51.
[151] Vgl. noch unten S. 55ff.
[152] Ich halte die Verse 25ff. für einen ursprünglichen Teil der Erzählung. Vgl. dazu die kurzen, aber treffenden Bemerkungen von *Rudolf Bultmann*, Die Geschichte der synoptischen Tradition², Göttingen 1931, S. 212.
[153] Vers 31: „Mein Kind, du bist immer bei mir, und alles, was mein ist, ist dein."

lichen Besitzes hat? Wie ist es weiter vorzustellen, daß nicht ein Bote seines
Vaters zu ihm eilte, um ihm das so unerwartet Geschehene mitzuteilen und
ihn aufzufordern, an der allgemeinen Freude teilzuhaben? Verbirgt sich
etwa hinter der Wendung, daß er „auf dem Felde war", die Vorstellung
einer Abwesenheit auf weite Distanz auch bei ihm, nur mit dem Unterschied, daß er, anders als sein Bruder, im Bereich des Vaters geblieben ist?
Wieder kann nur gefragt werden. Indes wird die Frage nicht ohne Grund
gestellt. Sie ergibt sich bei einer Analyse des Textes sozusagen von selbst.
Vor allem aber erweitert sie sich in Verbindung mit der früher zu dem
Blick des Vaters in die Ferne gestellten Frage zu der Frage, ob sich nicht,
wie hinter dem Vater eine königliche Gestalt, hinter dem von der Erzählung vorausgesetzten Milieu eines Landgutes eine sehr weiträumige
Welt andeutet, eine Welt, die in ihren Ausmaßen nur der Bereich eines
Königs sein kann.

Sind die Überlegungen so weit geführt, so präsentiert die Erzählung
wie von selbst weitere Einzelheiten, die ebenfalls in die Richtung eines
königlichen Milieus deuten oder doch als entsprechende Hinweise verstanden werden können. Dahin gehört das Verfahren der Re-Investitur, vollends
dann, wenn man sieht, daß es sich an ein Verhalten des Vaters dem zurückkehrenden Sohn gegenüber anschließt, das seinerseits durch Umarmung
und Kuß und die förmliche, sich in der Form einer Proklamation vollzogene Wiederzuerkennung des Sohnesnamens vor dem ganzen Gesinde
die größte Ähnlichkeit mit einem königlichen Adoptionsakt gewinnt, wie
er von alten Zeiten her im Vorderen Orient üblich gewesen ist[154]. Dahin

---

[154] Aufschlußreich ist das um 1600 v. Chr. entstandene politische Testament des hethitischen Königs Hattušili I. Hier heißt es nach der Übersetzung von *Ferdinand Sommer*
und *Adam Falkenstein*, Die hethitisch-akkadische Bilingue des Hattušili I. (Labarna II.)
= Abhandlungen der Bayerischen Akademie der Wissenschaften, Neue Folge,
Heft 6, München 1938, S. 2ff. (auch bei *Ekrem Akurgal*, Die Kunst der Hethiter,
München 1961, S. 32ff.) gegenüber „den Mannen der Adelsgemeinschaft und den
Würdenträgern" unter anderem:
  Sehet, ich bin nun krank geworden!
  Und ich hatte euch den jungen Labarna namhaft gemacht:
  „Der soll sich auf den Thron setzen!"
  Und ich, der König, habe ihn meinen Sohn genannt,
  ihn umarmt (?) und erhöht (?) ....
  Genug davon! Der da ist mein Sohn nicht (mehr)!
Die Umarmung gehört noch zum Ritus des öffentlichen Aktes, in dem nach *Josephus*
(De Bello Judaico 1, 457ff.) Herodes der Große seine beiden Söhne von der Mariamne
und seinen Sohn Antipatros aus seiner ersten Ehe mit der Doris zu königlichem
Rang erhebt (458: τούσδε τοὺς τρεῖς παῖδας ἀποδείκνυμι βασιλεῖς; vgl. ebd. 466). Bedeut-

wird weiter die prinzipielle hausrechtliche Gleichstellung der beiden Söhne zu rechnen sein; wir wissen zum Beispiel wieder von Herodes dem Großen, daß er die beiden ältesten Söhne, die er von der Mariamne hatte, Alexander und Aristobulos, „königlich hielt", nämlich als Anwärter auf den Thron erziehen ließ[155], wie er es sich denn ausdrücklich vorbehielt, welchen von ihnen er zu seinem Nachfolger auf dem Throne machen würde[156]. Was weiter das der Re-Investitur des „verlorenen" Sohnes folgende Festmahl betrifft, so ist es immerhin bemerkenswert, daß JOSEPHUS über Archelaos zu berichten weiß, er habe als der von seinem Vater Herodes letztwillig bestimmte eigentliche Nachfolger nach der Beendigung der vorgeschriebenen siebentägigen Trauer um den König sich dem Volke von Jerusalem gegenüber eindeutig, wenn auch mit einer gewissen, in seiner Situation begründeten[157] zur Schau getragenen Zurückhaltung selbst als solchen proklamiert, sodann Gott geopfert und sich schließlich mit seiner nächsten Umgebung zum festlichen Mahle versammelt[158]; auch in unserer Erzählung ist, strenggenommen, nicht von einer bloßen Schlachtung, sondern von einer Opferung eines jungen Stieres die Rede (V. 23. 27. 30). Schließlich kann man versucht sein, in dem bereits mehrfach zitierten Wort des Vaters an den älteren Sohn[159] einen typischen Ausdruck dynastischen Denkens zu finden, das verständlicherweise auf die Erhaltung wie auf die Zusammenhaltung des vorhandenen Besitzes, vor allem von solchem in Grund und Boden, nachdrücklich bedacht ist.

Auf das Ganze der Erzählung vom Verlorenen Sohn gesehen, ergibt sich damit das merkwürdige Bild, daß eine Reihe von wichtigen Einzelzügen dieses Gleichnisses, das nach seinem Wortlaut in einem gehobenen bürgerlichen Milieu spielt, sich erst dann in ihrer ganzen Bedeutung

    sam ist hier, daß der König ausdrücklich betont, das bedeute nicht etwa, daß er von nun an mit diesen Söhnen die Herrschaft zu teilen gedenke; er beteilige sie lediglich an der mit dem Königtum verbundenen Ehre (461: οὐ γὰρ βασιλείαν, ἀλλὰ τιμὴν βασιλείας τοῖς υἱοῖς παραδίδωμι). Sollte sich eine entsprechende Anschauung hinter dem Wort des Vaters an den ungebärdigen älteren Sohn (s. oben S. 53 mit Anm. 153) verbergen?

[155] Vgl. darüber *Josephus*, De Bello Judaico 1, 435.
[156] Vgl. *Josephus*, ebd. 1, 454.
[157] Das väterliche Testament hinsichtlich der Nachfolge, das dem Archelaos unter den Söhnen des Herodes endgültig den Vorrang gab, bedurfte noch der Bestätigung durch den Kaiser (*Josephus*, Antiquitates Judaicae 17, 195.202; vgl. De Bello Judaico 1, 669 nach 573), bevor es sich auswirken konnte.
[158] *Josephus*, Antiquitates Judaicae 17, 205: Archelaos – nach seiner Selbstpräsentation vor dem Volk – θύσας τῷ θεῷ κατ' εὐωχίαν τρέπεται μετὰ τῶν φίλων.
[159] Vgl. oben S. 53 mit Anm. 153.

enthüllt, wenn man sie von Vorstellungen und Riten her beleuchtet, die sich an orientalischen Höfen nachweisen lassen und hier gerade in Verbindung mit Investiturakten begegnen. Das gilt, um darauf noch einmal zurückzukommen, auch von dem Gewande, mit dem der „abgetrennte" Sohn bei seiner Heimkehr bekleidet wird, und es gilt sogar noch über das hinaus, was bereits früher hierzu gesagt worden ist[160]. Noch einmal kann Josephus als Zeitgenosse des Verfassers des Lukas-Evangeliums als Zeuge dienen. In dem bereits erwähnten Investiturakt, den Herodes für seine drei Söhne veranstaltete[161], hat er ihnen nach dem Bericht, den wir dem jüdischen Historiker verdanken, „königliche Kleidung und Behandlung" zuerkannt[162], und zwar schwerlich, ohne zugleich die Zeremonie der Bekleidung vornehmen zu lassen. Der emblematische Charakter der Kleidung liegt hier ebenso zutage wie in jener anderen Szene, in der sich Archelaos nach dem Tode seines Vaters in weißer Gewandung dem versammelten Volk als rechtmäßiger Nachfolger vorstellte[163]. Das führt hinsichtlich der Bestimmung des Charakters des Gewandes (Luk. 15, 22) noch einmal darauf, daß es sich um ein ganz bestimmtes Gewand mit eindeutigem Insigniumcharakter handeln muß, eben das Gewand, das den Sohn früher als Sohn, und zwar als Erbsohn, ausgewiesen hat und das ihn von neuem als solchen ausweisen soll. Insofern beginnt die Re-Investitur folgerichtig mit dem Anlegen eben dieses Gewandes. Sie setzt sich ebenso folgerichtig fort in der Übergabe des Ringes, von dem nun auch anzunehmen ist, daß es sich um einen ganz bestimmten, zurückgelegten und bereitliegenden Ring handelt, eben denjenigen Ring, mittels dessen der Sohn im Rahmen der ihm zugestandenen Rechte zu handeln in der Lage ist.

Berücksichtigt man alles das, was über die in ein königliches Milieu passenden Züge im Gleichnis vom Verlorenen Sohn zusammengestellt werden konnte, und bedenkt weiter, daß die in diesem im Mittelpunkt stehende Investitur eine Re-Investitur ist und mit dem Anlegen eines ganz bestimmten Gewandes, eben des früher schon einmal getragenen Gewandes, beginnt, so wird sich nicht leugnen lassen, daß diesem Gewande das besondere Interesse gelten muß. Wird das in der Gleichniserzählung Jesu auch nicht ausdrücklich betont, so ändert das doch nichts daran, daß unsere

---

[160] Vgl. oben S. 40ff.
[161] Vgl. oben S. 54 mit Anm. 154.
[162] *Josephus*, De Bello Judaico 1, 465 mit den Worten des Herodes: δίδωμι δὲ ὑμῖν ἐσθῆτα ἤδη καὶ θεραπείαν βασιλικήν..
[163] Vgl. *Josephus*, De Bello Judaico 2, 1.

Erzählung von da aus eine überraschende Nähe zu einem anderen antiken Text gewinnt, in dem ebenfalls ein Gewand die entscheidende Rolle spielt. Auch in diesem Text verläßt ein Sohn das Vaterhaus, wird in der Fremde durch seine Umwelt so absorbiert, daß er Eltern und Heimat und auch den ihm von Haus aus eigenen Rang vergißt, kommt dann unter besonderen Umständen doch wieder zu sich und kehrt zurück, und dabei erfolgt seine völlige Re-Integration mit Hilfe des ihm nach seiner Herkunft eigenen Gewandes, dessen er zeitweilig entledigt war, um dann doch wieder und nun endgültig mit ihm bekleidet zu werden. Es fällt angesichts solcher Gemeinsamkeiten mit der Erzählung Jesu vom Verlorenen Sohn nicht entscheidend ins Gewicht, daß in dem andern hier ins Auge gefaßten Text der Sohn nicht auf Grund eigenen Entschlusses in die Welt hinauszieht, sondern mit einem Auftrage seiner Eltern und daß es auch seine Eltern sind, die ihm für die Zeit seiner Abwesenheit – und nur für diese – das zu ihm gehörige Gewand nehmen; er soll es ja unbeschädigt wiedererhalten, wenn er nach glücklich erfülltem Auftrag heimkehrt, um dann zusammen mit seinem Bruder – beide sind also Erbsöhne – Erbe im Königreich der Eltern zu sein; und er erhält es tatsächlich zurück, obwohl er in seiner Selbstentfremdung in der Ferne der Diener eines fremden Königs gewesen war.

Natürlich handelt es sich in dem Text mit diesem Inhalt um das sogenannte Perlenlied, das durch die Thomas-Akten erhalten ist und als ein Dokument früher Gnosis auf dem Boden des syrischen Christentums gilt[164]. Hier ist, wie bereits gesagt, das königliche Milieu, das sich in dem Gleichnis vom Verlorenen Sohn in einer Reihe von Zügen lediglich anzudeuten scheint, in Verbindung mit einem gleichlaufenden Motiv in voller Offenheit vorhanden. Berücksichtigt man diesen Sachverhalt und nimmt ihn mit der eigentümlichen Parallelität der Motive in unserm Gleichnis einerseits und im Lied von der Perle andererseits zusammen, so stellt sich wie von selbst die Frage nach einer etwa hier liegenden Beziehung. Die Übereinstimmungen sind so charakteristisch und greifen zugleich so weit, daß von einer nur zufälligen Berührung nicht die Rede sein darf. Vielmehr muß ernstlich damit gerechnet werden, daß die nicht

---

[164] Vgl. den Text als solchen bei *Alfred Adam*, Die Psalmen des Thomas und das Perlenlied als Zeugnisse vorchristlicher Gnosis (= Beihefte zur Zeitschrift für die neutestamentliche Wissenschaft und die Kunde der älteren Kirche, 24), Berlin 1959, S. 49 ff.; (*Edgar Hennecke* –) *Wilhelm Schneemelcher*, Neutestamentliche Apokryphen³ II, Tübingen 1964, S. 349 ff. (Bearbeiter: *Günther Bornkamm*). Hier wie dort reichlich Literaturangaben!

zu leugnende Verwandtschaft auf Teilhabe an einer gemeinsamen Vorlage beruht.

Das ist natürlich ein sehr allgemeiner Satz, der verschiedene Möglichkeiten für die Erklärung des Sachverhalts offenläßt. Indes stellt er gerade deshalb vor einen ganzen Komplex von Einzelproblemen form-, traditions- und religions- bzw. kulturgeschichtlicher Art, deren angemessene Behandlung den Rahmen unserer Untersuchung einfach sprengen würde. Eine solche Untersuchung muß also anderer Gelegenheit oder überhaupt jemand anders überlassen bleiben. Das bedingt, daß wir uns hier unter Verzicht auf die Erzielung von nach allen Seiten hin gesicherten Ergebnissen darauf beschränken müssen, gewisse Möglichkeiten bezüglich des Zusammenhangs zwischen dem Gleichnis vom Verlorenen Sohn und dem Lied von der Perle zu fixieren, und auch das nur, soweit ihnen auf Grund der bisherigen Darlegung ein gewisses Maß an Wahrscheinlichkeit zugesprochen werden kann.

Zunächst darf wohl angenommen werden, daß der lukanischen Gleichniserzählung vom Verlorenen Sohn und dem Lied von der Perle in den Thomas-Akten, auf das Ganze gesehen, tatsächlich ein und derselbe Vorwurf zugrunde liegt. In ihm wird es sich um eine Volkserzählung von einem Prinzen handeln, der unter besonderen Umständen sein Elternhaus verließ und nach allerlei gefährlichen Abenteuern und nach einer Zeit der Entfremdung hinsichtlich seiner Herkunft und seiner Angehörigen wieder zu sich fand, als Bewährter heimkehrte und zu Haus entsprechende Aufnahme fand und endlich wieder in seine alte Stellung eingesetzt wurde[165].

Es lohnt sich, dabei wenigstens auf die wichtigsten parallelen Züge einerseits in unserer Gleichniserzählung, andererseits im Lied von der

---

[165] Daß in dem Lied von der Perle „ein ziemlich rein erhaltenes Märchen" stecke, „das natürlich, als es in die Thomas-Akten kam, eine recht lange Vergangenheit hinter sich hatte", war die Meinung von *Wilhelm Bousset*, Manichäisches in den Thomasakten, in: Zeitschrift für die neutestamentliche Wissenschaft und die Kunde der älteren Kirche 18 (1917/18), S. 24, die er seinerseits der Meinung von *Richard Reitzenstein*, Himmelswanderung und Drachenkampf, in: Festschrift für F. C. Andreas, 1916, S. 33ff., der Hymnus sei ein Mythus, entgegensetzte, ohne damit Anklang zu finden (vgl. *Richard Reitzenstein*, Das iranische Erlösungsmysterium, Bonn 1921, S. 77ff.; *Günther Bornkamm*, Mythos und Legende in den apokryphen Thomas-Akten, Göttingen 1933, S. 111ff.). Die Verwandtschaft der Gleichniserzählung vom Verlorenen Sohn mit dem Lied von der Perle mag für eine Wiederaufnahme der Diskussion über die These von *Bousset* Raum schaffen. Indes muß hier auf ein weiteres Eingehen auf die einschlägige Literatur aus naheliegenden Gründen verzichtet werden.

Perle hinzuweisen, die über das bereits Angedeutete hinausgehen. So handelt es sich in dem ausziehenden Sohn hier wie dort um den jüngeren von zweien, die beide ausdrücklich als Erbsöhne eingeführt werden. Anders als er bleibt der ältere Bruder bei den Eltern, also gewissermaßen „im Lande", und erscheint darüber hinaus in beiden Texten in dem, was er tut, durch seinen Platz im elterlichen Bereich bestimmt, hier, sofern er für den Vater „auf dem Felde" arbeitet, dort in seiner Beteiligung am herrscherlichen Regiment. Beide Male bleibt auch das Gewand, das die Würde des jeweiligen Sohnes als seines Trägers hervorhebt und verbürgt, in der Obhut von mit seiner Verwahrung Beauftragten, solange er abwesend ist, bis es wieder seiner Bestimmung gemäß verwendet werden kann; beide Male ist daher das Gewand das für den Sohnescharakter des Heimkehrenden grundlegende Emblem. Hier wie dort vollzieht sich zudem die Heimkehr, nachdem sie einmal angetreten ist, mit verlangender Eile, und hier wie dort steht am Ende die Freude des Vaters.

Diese Übereinstimmungen sind um so eindrucksvoller, als sie auf dem Hintergrunde eines recht unterschiedlichen Milieus und zugleich in Verbindung mit ganz verschiedenen religiösen Anschauungen begegnen. Das nötigt zu der Annahme, daß die Erzählung, die sowohl dem Gleichnis vom Verlorenen Sohn als auch dem Liede von der Perle zugrunde liegt, durch einen längeren speziellen Assimilierungsprozeß hindurchgegangen ist, bevor sie da und dort zu dem werden konnte, als was sie sich jetzt darstellt. Wahrscheinlich ist sie schon in vorchristlicher Zeit in verschiedener Form und mit verschiedenem, lokal bedingtem Kolorit umgelaufen. Für dies spricht, wenn die hier vertretene These richtig ist, die Variationsbreite, in der sich das Motiv als solches[166] unter anderem einerseits bei Lukas und andererseits in den Thomas-Akten findet[167].

---

[166] Vgl. dazu die knappen zusammenfassenden Bemerkungen von *Geo Widengren*, Iranisch-semitische Kulturbegegnung in parthischer Zeit (= Arbeitsgemeinschaft für Forschung des Landes Nordrhein-Westfalen, Geisteswissenschaften, Heft 70), Köln und Opladen 1960, S. 40f. Zur Variationsbreite des Motivs vgl. weiter die Aufnahme und Verwendung zahlreicher Einzelzüge der Erzählung in der mandäischen Literatur, wie sie sich aus den Zusammenstellungen bei *Hans Jonas*, Gnosis und spätantiker Geist. Teil 1: Die mythologische Gnosis (= Forschungen zur Religion und Literatur des Alten und Neuen Testaments, Heft 51), Göttingen 1934, S. 105ff., ergibt, ferner – für den manichäischen Bereich – *Walter Hennig*, Geburt und Entsendung des manichäischen Urmenschen (= Nachrichten von der Gesellschaft der Wissenschaften zu Göttingen, phil.-hist. Klasse 1933, S. 306ff.), besonders S. 314ff. Im übrigen sieht es nun doch geradezu nach einem Nachwirken der mit der Erzählung vom Verlorenen Sohn verbundenen Vorstellung von der $k^e ṣāṣāh$ aus, wenn

An zweiter Stelle wird sich schwerlich leugnen lassen, daß das Lied von der Perle der nur hypothetisch zu erschließenden gemeinsamen Vorlage nähergeblieben ist als das Gleichnis vom Verlorenen Sohn. Ein wichtiges Argument in dieser Hinsicht bildet die Beobachtung, daß das neutestamentliche Gleichnis das überkommene Motiv zwar in großbürgerliche und patriarchalische Verhältnisse hineinstellt, aber doch noch dessen ursprüngliche Beziehung auf ein monarchisches Milieu erkennen läßt, das gegenüber jenem als primär gelten muß. Darüber hinaus wird man nur sagen können, daß das Motiv seiner ganzen Art nach hinsichtlich seiner Herkunft eher auf den Osten als auf den Westen verweist. Hier werden allerdings erst weitere Untersuchungen ganze Klarheit schaffen können. Dasselbe dürfte hinsichtlich der Frage gelten, wann und unter welchen näheren Umständen das Motiv als solches erstmals von der Gnosis aufgenommen und assimiliert worden ist. Immerhin sei bemerkt, daß sich in der Erzählung bei Lukas nichts findet, was als Ausdruck einer bewußten Aversion gegenüber einer bereits gnostisch bestimmten Vorlage angesehen werden könnte oder gar angesehen werden müßte. Somit wäre auch erneut zu prüfen, ob es richtig ist, in dem Lied von der Perle unter allen Umständen ein Zeugnis vorchristlicher Gnosis zu sehen, wie es heute ziemlich allgemein geschieht.

Endlich dürfte es die Fassung, zu der die zu vermutende gemeinsame Vorlage des Perlenliedes und des Gleichnisses vom Verlorenen Sohn in dem letzteren gekommen ist, so gut wie sicherstellen, daß es sich in diesem

---

es im Rechten Ginza (s. *Mark Lidzbarski*, Ginzā. Der Schatz oder Das große Buch der Mandäer, Göttingen/Leipzig 1925, S. 60, 27 ff.) heißt:

   Ein jeder, der Umkehr tut,
   dessen Seele soll nimmer abgeschnitten werden;
   nimmer wird der Herr ihn verdammen.

Aber das wirft neue Fragen auf, die sich für jetzt der Behandlung entziehen.

[167] Wie ich leider erst nachträglich gesehen habe, hat *Alfred Adam* bereits vor einigen Jahren die Möglichkeit erwogen, daß das Gleichnis vom Verlorenen Sohn und das Lied von der Perle motivgeschichtlich zusammengehören (Göttingische Gelehrte Anzeigen 213, 1960, S. 136, in einer Besprechung von Arthur Vööbus, History of Asceticism in the Syrian Orient I, Louvain 1958). Er hat allerdings zugleich die Meinung vertreten, bei der Übernahme des Motivs in die christliche Verkündigung mittels des Gleichnisses vom Verlorenen Sohn sei der mit ihm schon in vorchristlicher Zeit verbundene gnostische Rahmen zersprengt worden. Mir scheint, daß diese Annahme nicht nur nicht notwendig ist, sondern daß sie auch bei der Struktur des Gleichnisses und vollends bei seiner Zielsetzung in diesem selbst keine Stützen hat. Indes ist eine nähere Auseinandersetzung mit der These *Adam*s, die ihrerseits auf der Annahme beruht, das Lied von der Perle sei ein Beleg für die Existenz einer vorchristlichen Gnosis, hier weder möglich noch erforderlich.

nicht nur um das Ergebnis von Bemühungen um die Aneignung eines weit verbreiteten und wegen seiner Anschaulichkeit beliebten Motivs volkstümlicher Erzählkunst auf palästinischem Boden unter Berücksichtigung der hier vorhandenen Verhältnisse und Vorstellungen handelt. In ihm liegt vielmehr eine originale Konzeption vor, die lediglich mit Hilfe eines überkommenen Stoffes veranschaulicht wird und gerade deshalb überzeugend wirkt. Das läßt es als unwahrscheinlich erscheinen, daß Lukas in dieser Erzählung, die zu seinem Sondergut gehört, das Werk eines Anonymus oder auch eine eigene Komposition aufgenommen hat. Zwar läßt sich nicht leugnen, daß neben zahlreichen Semitismen[168] in dem Gleichnis auch ausgesprochene lukanische Spracheigentümlichkeiten nicht fehlen; eine solche liegt zum Beispiel in dem einleitenden „Ein Mensch" (ἄνθρωπός τις) vor[169]. Aber das hat nur etwas mit dem für die sprachliche Form des Stückes Verantwortlichen zu tun und nicht auch mit seinem Autor, zumal dieser sicher nicht Griechisch, sondern wahrscheinlich Aramäisch gesprochen hat.

So mag es sein, daß im Zuge des Übergangs des Stückes aus der einen in die andere Sprache und zugleich mit Rücksicht auf einen Leserkreis, für den sich – anders als im palästinischen Judentum – der Gedanke an Gott weniger mit der Vorstellung des Königs als mit der des Vaters verbunden hat, aus der im Mittelpunkt der Erzählung stehenden Gestalt eines königlichen Vaters der Vater geworden ist, der uns jetzt in ihr entgegentritt, allerdings ohne daß er der königlichen Züge einfach verlustig gegangen wäre[170]. Indes ist damit nichts Fremdes eingetragen, sondern lediglich ein die Erzählung ohnehin beherrschender Zug eher noch verstärkt worden. Es handelt sich zudem um einen Zug, der für Jesu Bild von Gott und für seine Verkündigung von ihm ohnehin mit Sicherheit als charakteristisch zu gelten hat. Dafür bedarf es keiner Belege. Wenn allerdings die Gestalt des Vaters des „verlorenen" Sohnes in dieser Weise einem zentralen Theologumenon Jesu gemäß ist, so enthält sie – einerlei, woher sie genommen ist – eine Warnung, die nur zum Schaden der Sache

---

[168] Sie sind zusammengestellt von *Joachim Jeremias*, Zum Gleichnis vom verlorenen Sohn, in: Theologische Zeitschrift 5 (1949), S. 228 ff. Vgl. schon oben S. 42 mit Anm. 117.
[169] Vgl. dieselbe Einleitungsformel Luk. 10, 30; 12, 16; 14, 16; 16, 1.19; 19, 12. Fast alle diese Stücke gehören zum Sondergut des Lukas-Evangeliums.
[170] Ähnlich steht es im übrigen mutatis mutandis Luk. 14, 16 ff. neben Matth. 22, 2 ff. hinsichtlich der hier wie dort bestimmenden Gestalt des Gastgebers.

überhört werden kann: Man wird, wenn man nicht die schwierige Problematik des Gleichnisses noch komplizierter machen will, als sie es schon ist, gut tun, es als solches nicht ohne durchschlagende innere Gründe Jesus absprechen, der für die Überlieferung sein Autor ist.

9. *Das theologische Problem*

Zum Abschluß bedarf es, wenn das zur Re-Investitur des „verlorenen" Sohnes Gesagte nicht unvollständig bleiben soll, noch der Erörterung des eigentlichen theologischen Problems. Es stellt sich durch die Feststellungen, die wir machen konnten, zwar nicht grundsätzlich neu, aber doch in einer neuen und – wie ich meine – auch in einer präziseren Weise als bisher. Wenden wir uns also nunmehr ihm zu! Natürlich handelt es sich um die Deutung der Erzählung von dem Sinn der Handlung in ihrem Mittelpunkt aus, wie er sich uns ergeben hat.

Es gehört zu den Eigentümlichkeiten der Gleichniserzählung vom Verlorenen Sohn bei Lukas, daß sie an ihrem Ort nicht mit einer Anwendung verbunden ist. Das ist auch bei den Gleichnissen im Sondergut des 3. Evangeliums, die mancherlei Eigentümlichkeiten aufweisen, etwas Besonderes. Unsere Erzählung teilt diese Besonderheit nur mit dem Gleichnis vom reichen Mann und dem armen Lazarus (Luk. 16, 19 ff.) sowie mit dem Gleichnis vom Großen Abendmahl (Luk. 14, 16 ff.). Merkwürdigerweise besteht nun auch für das erste von diesen Gleichnissen die Wahrscheinlichkeit, daß es nicht neu geformt ist, sondern daß in ihm, genauer: in seinem ersten Teil, ein bekannter Erzählungsstoff verarbeitet ist, der die Umkehrung des Geschicks in diesem Leben im Jenseits behandelt und wahrscheinlich in Ägypten zu Haus ist[171]; es spricht sogar manches dafür, daß derselbe Stoff auch bei dem zweiten Gleichnis sozusagen Pate gestanden hat[172]. Es sollte angesichts dessen nicht als ausgeschlossen gelten, daß diese Gleichnisse deshalb von Lukas in sein Evangelium aufgenommen wurden, weil sie durch ihre Aufnahme verbreiteter und bekannter Motive besonders geeignet waren, außerpalästinische und helle-

---

[171] Der Nachweis stammt von *Hugo Greßmann*, Vom reichen Mann und armen Lazarus, in: Abhandlungen der preußischen Akademie der Wissenschaften, 1918, phil.-hist. Klasse, Nr. 7.
[172] Vgl. *Jeremias*, Gleichnisse, S. 178. Es handelt sich um das sogenannte Gleichnis vom Großen Abendmahl (Luk. 14, 16 ff.).

nistische Leser anzusprechen und sie wirkungsvoll mit dem zu konfrontieren, was sie als Grundgedanken enthalten.

Natürlich enthält jedes der drei Gleichnisse seinen eigenen Grundgedanken. Wird er nicht ausdrücklich im Anschluß an das einzelne Gleichnis formuliert, so muß er sich doch dem Kontext entnehmen lassen. Nähere Nachprüfung zeigt, daß die drei Gleichnisse dadurch untereinander verbunden sind, daß sie entweder einen vorhergehenden Satz von anderer Seite, wie es Luk. 14, 16ff. mit 14, 15 geschieht, zurechtrücken oder aber einen eigenen Satz Jesu erläutern. Letzteres ist neben Luk. 16, 19ff. auch Luk. 15, 11 ff. der Fall. Hier handelt es sich um die Ankündigung Jesu, jeder umkehrende Sünder werde im Himmel unendliche und unvergleichbare Freude auslösen. Dies Wort erscheint sowohl 15, 7 als auch 15, 10 in zwei Fassungen, die sich zwar im Wortlaut unterscheiden[173], aber doch völlig auf dasselbe hinauslaufen. Beide Male steht hinter der Vorstellung von der vollzogenen Umkehr des Sünders die Vorstellung von etwas Verlorenem, das wieder beigebracht worden ist. Es bedarf nach allem, was früher zur Terminologie des Gleichnisses vom Verlorenen Sohn festgestellt werden konnte, keines Nachweises dafür, daß dabei dem Stichwort „verloren" besonderes Gewicht zufällt.

Das ist nun um so sicherer der Fall, als es sich in den beiden kurzen Gleichnissen vom Verlorenen Schaf und von der Verlorenen Münze jeweils nicht um ein beliebiges Tier oder um ein beliebiges Geldstück handelt, sondern um Teile eines Ganzen, und zwar sogar um Teile eines sozusagen vollständigen Ganzen, nämlich einer kompletten Herde[174] und – wahrscheinlich[175] – eines kompletten Brautschatzes. Damit aber geraten auch diese beiden Gleichnisse, die in sich gegenüber dem Gleichnis vom Verlorenen Sohn durchaus eigenständig sind, in den Bannkreis der mit dem Rechtsinstitut der $k^e s\bar{a}s\bar{a}h$ verbundenen Vorstellungen, die für jenes konstitu-

---

[173] Der Unterschied hängt unter anderem damit zusammen, daß die Sentenz das erste Mal den Sinn des Gleichnisses vom abhanden gekommenen und wiedergefundenen Schaf (15, 4ff.), das zweite Mal den Sinn des Gleichnisses von der verlorenen und wiedergefundenen Münze (15, 8f.) feststellt.

[174] Hier ist zu bedenken, daß hundert eine sogenannte runde Zahl ist, die, wenn sie so wie hier gebraucht wird, den Aspekt der ideellen Vollständigkeit bei sich hat. In diesem Sinne begegnet die Zahl gerade in rechtlichen Regelungen des Rabbinats. In ihrer Weise deutet sie auch hier an, daß ein juristischer Sachverhalt im Horizont des Erzählers liegt, mag er nun den Hirten als Treuhänder betreffen oder den „Sünder", dem das eigentliche Interesse des Erzählers gilt.

[175] Vgl. darüber die Kommentare z. St., auch *Jeremias*, a.a.O., S. 134.

tiv sind¹⁷⁶. Infolgedessen vermögen sie für die richtige Erfassung der Pointe des auf sie folgenden Gleichnisses vom „Verlorenen" einen zusätzlichen Gesichtspunkt beizubringen, der bis jetzt noch nicht oder doch nicht hinreichend klar als bedeutsam für dieses Gleichnis in Erscheinung getreten ist: Wo immer es – gleichgültig aus welchen Gründen – in einer Sippe zur $k^e\bar{s}\bar{a}\bar{s}\bar{a}h$ kommt, bewirkt diese im Verlust eines einzelnen Gliedes zugleich den Verlust der Vollständigkeit des Ganzen. Vollzug der $k^e\bar{s}\bar{a}\bar{s}\bar{a}h$ setzt also immer auf der Seite desjenigen, der sie provoziert, Schuld gegenüber der Gemeinschaft, der er natürlicherweise zugehört, voraus; andererseits bedingt er auf der Seite der betroffenen Sippe das schmerzliche Bewußtsein, als Gemeinschaft der Integrität beraubt zu sein.

Das Neue am Gleichnis vom „verlorenen" Sohn gegenüber den beiden vorhergehenden Gleichnissen vom „verlorenen" Schaf und von dem „verlorenen" Geldstück ist nun, daß es dieser Tatsache mit besonderer Betonung Rechnung trägt. Das kann es und muß es, weil es von einem Menschen handelt, der über Bewußtsein und Willen verfügt, und nicht um ein Tier, das sich über das, was es unternimmt, entweder überhaupt nicht oder doch nur sehr unvollkommen klar zu werden vermag, oder gar um einen bloßen Gegenstand wie eine Münze. Darum wird auch der Begriff des Sünders, der in den beiden kurzen Gleichnissen nur in der Deutung aufgenommen wird, mitten in das Gleichnis vom „verlorenen" Sohn selbst hineingestellt. Zwar wird dieser Sohn in der Erzählung nicht ausdrücklich als „Sünder" bezeichnet; die Erzählung läßt ihn aber doch selbst zweimal, einmal zu sich selbst (V. 18) und einmal zu dem Vater (V. 21) in aller Form sagen, er „habe gesündigt". Mag also das Wort „Sünder" in dem Gleichnis vom „verlorenen" Sohn fehlen, so ist doch das, was mit ihm gemeint ist, ohne jede Einschränkung da. Dabei ist dem Erzähler offenbar besonders wichtig, daß die entsprechende Vorstellung in dem Bewußtsein des „verlorenen" Sohnes von sich selbst vorhanden ist und nicht etwa nur im Bewußtsein derer, die mit ihm zu tun haben, oder gar nur im Bewußtsein des Erzählers.

So rückt das griechische Wort ἁμαρτωλός, das Lukas Jesus beim Abschluß der beiden kurzen Gleichnisse vom „verlorenen" Schaf und vom „verlorenen" Geldstück beide Male gebrauchen läßt, in eine unmittelbare sachliche Nähe zu dem griechischen Wort für „verloren" (ἀπολωλώς), das der Vater zweimal (V. 24.32) benutzt, um auf dem Hintergrunde des

---

[176] Vgl. oben S. 21ff.

Rechtsinstituts der ḳeṣāṣāh die Lage zu beschreiben, in die sich sein jüngerer Sohn selbst gebracht hat. Man wird deshalb auch, wenn man die Zielsetzung des Gleichnisses vom „verlorenen" Sohn sachgemäß bestimmen will, nicht durchkommen, wenn man nicht diesen Begriff bzw. dieses Wort und seinen Sinn mitberücksichtigt.

Mit diesem Wort, das zu den bevorzugten Wörtern im Lukas-Evangelium gehört, steht es nun recht merkwürdig[177]. Von Haus aus wahrscheinlich ein unliterarisches Schimpf- und Schmähwort, dient es da, wo es im hellenistischen Griechisch – relativ selten – auftaucht, dazu, einen Menschen zu kennzeichnen, der sich durch sein Verhalten bewußt in Gegensatz zu den bestehenden Gesetzen und Ordnungen gebracht hat oder bringt. Dabei spielt es grundsätzlich keine Rolle, ob es sich um Gesetze und Ordnungen im Bereich der Religion oder der Gesellschaft handelt, sei es nun des Staates (πόλις usw.) und seiner Einrichtungen oder der Sippe bzw. der Familie (οἶκος usw.). Der „Sünder" ist somit ein Mensch, der sich selbst dadurch isoliert, daß er sich bewußt jener Haltung und jenes Verhaltens entschlägt, die im Lateinischen das Wort *pietas* meint. Man kann geradezu sagen, daß der ἁμαρτωλός auf dem Boden des Hellenismus der *impius* in seiner reinsten Ausprägung ist; denn er denkt und handelt nicht so, wie es rechtens ist, und zwar deshalb, weil er selbst nicht rechtlich denken und handeln kann oder will[178]. Was die beiden Begriffe verbindet, ist also nicht etwa die gesellschaftliche Konvention, sondern der Bereich des Rechtes, dem beide, wenn auch im Sinne der negativen Abgrenzung, zugehören. Diese Feststellung genügt im übrigen, um endgültig klarzustellen, daß sich die angesprochene Begrifflichkeit dem durch einen rechtlichen Tatbestand bestimmten Rahmen des Gleichnisses vom „verlorenen" Sohn ohne weiteres einfügt – nicht anders im übrigen, als es auf ihre Weise auch die ḳeṣāṣāh tut.

Es bedarf keines Wortes, daß diese letzten Überlegungen noch einmal und auf eine weitere Weise unterstreichen, was schon die Analyse der auf eine Re-Investitur des „verlorenen" Sohnes abzielenden Maßnahmen des

---

[177] Vgl. zu ἁμαρτωλός *Karl Heinrich Rengstorf* im Theologischen Wörterbuch zum Neuen Testament I, Stuttgart 1932, S. 320ff.

[178] Das Griechische besitzt kein Wort, das dem lateinischen *pietas* genau entspricht. Anders steht es jedoch hinsichtlich ἁμαρτωλός neben *impius*. Die Vulgata hat an unseren Stellen das griechische Wort mittels *peccator* wiedergegeben, offensichtlich wegen des sprachlichen Zusammenhangs mit *peccare/peccatum*. Es ist zu fragen, ob das wohlgetan war. Indes kann der damit berührte Komplex hier nicht weiter verfolgt werden.

Vaters ergeben hat: Es geht um die Restituierung des „verlorenen" Sohnes als Sohn, genauer: als Erbsohn. Nur sinngemäß erfolgt diese zugleich in der Form einer Adoption, die auch ihrerseits ein Rechtsakt ist[179]. Da es zu ihrem Wesen gehört, daß sie den angenommenen Sohn dem natürlichen gleichstellt, bewirkt sie in Verbindung mit dem Zeremoniell der Re-Investitur die erneute völlige Integrierung in den väterlichen Bereich, der in jeder Hinsicht durch den Vater bestimmt ist[180]. Diesem aber geht es nur darum, daß alle Glieder seines sowohl die Kinder als auch das Gesinde umfassenden „Hauses" bei ihm und unter seinen Ordnungen so geborgen sind, daß sie ihre Zugehörigkeit zu ihm und ihre Unterordnung unter ihn auf dem Boden der von ihm gesetzten Ordnung bereitwillig praktizieren. Hier ist auch ein „verlorener" Sohn mit eingeschlossen, wenn er sich zur Rückkehr in diese Ordnung entschließt. Was ihm dann zuteil wird, ist aber so, daß es zwischen ihm und denen, die niemals aus dem Bereich dessen, was recht und billig ist, herausgetreten sind, keinen Unterschied mehr gibt: Er wird, weil es der Vater so will, wieder wie er war[181].

Aber nun ist die Erzählung vom „verlorenen" Sohn eine Gleichniserzählung mit dem Ziel, eine ganz bestimmte Erkenntnis nicht nur zu veranschaulichen, sondern auch zu sichern[182]. Worauf sie abzielt, ist, wie gezeigt werden konnte[183], in den beiden Sätzen angedeutet, die die beiden vorausgehenden Gleichnisse vom „verlorenen" Schaf und von dem „verlorenen" Geldstück behandeln (Luk. 15, 7.10). Daß sie nachwirken, wird dadurch gesichert, daß das Stichwort „Freude" in ihnen am Ende unseres Gleichnisses (V. 32) ausdrücklich aufgenommen ist, nachdem es schon durch die Verse 23.26 vorbereitet war. In jenen beiden Sätzen aber ist von Freude im Himmel, das heißt bei Gott die Rede. Mit anderen Worten: Unser Gleichnis will klarstellen, wie es *Gott* macht, wenn ein

---

[179] Vgl. dazu oben S. 20 bzw. 54.
[180] Vgl. dazu die oben in Anm. 143 zitierte Stelle aus Philo von Alexandrien, die das für den römischen Bereich ausdrücklich feststellt, offenbar im Blick auf jüdische Rechtsanschauungen und -verhältnisse.
[181] Hier kommt es auf die genaue Formulierung an. Er wird also nicht wieder, *der* er war. Was geschehen ist, wird nicht ungeschehen gemacht; wohl aber werden seine Auswirkungen beseitigt. Dies ist das Unerwartete und Unerhörte, das der ältere Sohn nicht versteht. Nach ihm könnte der jüngere Bruder gern wieder im Hause sein, aber eben nicht so, wie er früher war, sondern anders, nämlich nicht mehr frei in seinem Wollen und Tun und insofern auch von dem zu Hause gebliebenen Bruder zu unterscheiden, ja unterschieden. Vgl. zu diesem Letzten noch das Folgende!
[182] Vgl. dazu oben S. 10f.
[183] Vgl. oben S. 63ff.

„Verlorener" umkehrt, um ein „Wiedergefundener" zu werden, und daß das genau seinem Wesen entspricht: Er handelt als der, der er ist.

Damit ergibt sich, daß das Mittelstück unseres Gleichnisses, das auf eine totale Re-Investitur eines „verlorenen" Sohnes hinausläuft, im Dienst der vielleicht großartigsten theologischen Einsicht steht, die sich im Neuen Testament findet und von da aus zum kostbaren geistlichen Besitz der gesamten, sonst theologisch durchaus nicht immer einigen Christenheit geworden ist. Diese Einsicht umschließt die Erkenntnis und das Zugeständnis, daß Gott einen „Sünder" gerecht sein läßt, wenn er sich ihm in uneingeschränktem Vertrauen auf seine Väterlichkeit, das heißt auf seine gerechte und durch seine Macht zugleich unermeßliche Güte so, wie er ist, anvertraut.

Aber was ist gemeint, wenn hier das Wort „gerecht" eingeführt wird? Nun, „gerecht" in seiner Anwendung auf Gott in seiner Güte meint nichts anderes als dies, daß von ihm aus die Gewähr für einen neuen Anfang besteht, der schlechthin alle Möglichkeiten offenläßt und somit keinerlei Einschränkungen unterworfen ist. So gewiß dabei – wie bei dem „verlorenen" Sohn, der seinen Entschluß, zu seinem Vater zurückzukehren, ausgeführt hat – die Wendung zu Gott als eine entscheidende Voraussetzung erscheint, so gewiß schließt der neue Status für denjenigen, dem er zuteil wird, die völlige Freiheit des Handelns nach allen Seiten hin ein. Es ist nicht zuletzt diese Freiheit, die dem „verlorenen" Sohn des Gleichnisses Jesu durch seine von seinem Vater angeordnete Re-Investitur zuerkannt wird. Sie ist das im eigentlichen Sinne Göttliche, was sich für den als „Sünder" zum „Abgetrennten" Gewordenen mit der *iustificatio impii* verbindet[184].

Dies zu betonen, ist um so notwendiger, als ADOLF JÜLICHER, dem hinsichtlich der Auslegung der Gleichnisse Jesu so viel zu verdanken ist, gemeint hat, das Gleichnis vom Verlorenen Sohn sei, ebensowenig wie für die Lehre von dem Sühnetod des Gottmenschen und die Lehre von der Gewalt des Amts, für die Lehre von der Rechtfertigung aus dem Glauben – wie jene für ihn zu den „Lieblingsdogmen der ‚Biblizisten'" gehörig – „leider absolut nicht zu fruktifizieren"[185]. Er selbst hat den Sinn des Gleichnisses dahin bestimmen zu sollen geglaubt, Jesus male hier den

---

[184] Hier liegt im übrigen der Punkt, in dem unsere Gleichniserzählung über die Gleichnisse vom Schaf und von der Münze hinausführt.
[185] So *Jülicher*, a.a.O., II, S. 334.

Menschen des Vaters Bild: Getrieben durch seine „Freude an denen die ihn nötig haben, für die er etwas leisten kann, die ohne ihn der Hölle gehören würden", „proklamiert er Gott als den echten Sündervater"[186]. Indes hier protestiert das Gleichnis selbst durch das, was ihm wichtig ist. Es genügt ihm nicht, am Verhalten eines irdischen Vaters zu versinnbildlichen, was Vergebung ist; denn dann wäre es ausreichend gewesen, es in der Schilderung der Szene der Wiederbegegnung von Vater und Sohn, bei Entgegenlaufen, Umarmung, Kuß und – alles übrige vorausgesetzt – Festmahl bewenden zu lassen. Im Mittelpunkt der Erzählung steht aber in der Re-Investitur ein Rechtsakt, der nicht eigentlich Trennendes wegnimmt – das ist ja schon durch Umarmung und Kuß geschehen –, sondern ein neues, allein im Willen und im Vermögen des Vaters begründetes Verhältnis zwischen dem Sohn und ihm setzt. Deshalb wird man dem Gleichnis auch schwerlich ganz gerecht, wenn man es im Unterschied von seiner üblichen Bezeichnung „Gleichnis von der Liebe des Vaters" nennen möchte, wie es JOACHIM JEREMIAS vorgeschlagen hat[187]. Die Re-Investitur, die die Mitte des Gleichnisses bildet, weist eben auf mehr hin als auf eine Betätigung väterlicher Liebe in der Beseitigung der Folgen einer selbstsüchtigen „Abtrennung", so gewiß sie jene zur tragenden Voraussetzung hat. Was das Gleichnis sagen will, läßt sich nur in der etwas umständlichen Überschrift ausdrücken: „Das Gleichnis von der Wiedereinsetzung eines Sohnes, der sich selbst ‚abgetrennt' hatte und so zu einem ‚Verlorenen' und ‚Toten' geworden ist, in die Kindschaft durch den Vater."

Es liegt auf der Hand, daß die Definition der Szene im Mittelpunkt der Erzählung als Re-Investitur-Akt jene in die Nähe gewisser Formulierungen des Apostels Paulus rückt, in denen der Stand des Christen als Kind Gottes auf einen Akt göttlicher Adoption zurückgeführt wird[188]. Es würde zu weit führen, sollte die damit aufkommende Frage auch noch untersucht werden, vollends unter Einbeziehung der Tatsache, daß Paulus die von ihm gemeinte Adoption an Jesus als Christus gebunden sein läßt. Indes ist die Konstatierung der Nähe unserer Gleichniserzählung zu Paulus schon an sich von einiger Bedeutung. Was sollen wir ihr entnehmen? Etwa, daß sich der Verfasser des Lukas-Evangeliums wenigstens in dem von ihm aufgenommenen Gleichnis vom Verlorenen Sohn als Pauliner erweist? Das wäre ein voreiliger Schluß. Es wird indes überhaupt richtig

---

[186] So *Jülicher*, a.a.O., II, S. 363.
[187] *Jeremias*, a.a.O., S. 128.
[188] Vgl. besonders Gal. 3, 26ff.; Röm. 8, 14ff.

sein, nicht so sehr den einen oder anderen kühnen Schluß zu wagen, als vielmehr eine sehr nüchterne Feststellung zu machen. Diese kann nur dahin gehen, daß die Botschaft von der *iustificatio impii*, wie sie am umfassendsten von Paulus entfaltet und begründet ist, doch wohl nirgends im Neuen Testament so klar und so anschaulich verkündigt wird wie in dem Gleichnis vom Verlorenen Sohn im Evangelium des Lukas. Daß sich diese Anschaulichkeit mit einer bemerkenswerten Radikalität paart, ließe sich mit Hilfe der Gestalt des älteren Bruders im Gleichnis leicht auch noch demonstrieren. Indes würden wir damit bestimmt den Rahmen überschreiten, den wir uns mit unserem Thema gesetzt hatten.

So mag es sein Bewenden mit dem Hinweis haben, daß man, jedenfalls was unser Gleichnis betrifft, den Verfasser des 3. Evangeliums nicht als einen Mann abtun kann, der mit seiner ganzen christlichen Generation schon angefangen habe, jenseits einer unmittelbaren Bewegtheit durch die Radikalität der Botschaft Jesu sich mit der Welt abzufinden und in der Welt einzurichten. Das Modell der Re-Investitur und Re-Integration eines buchstäblich „Verlorengegangenen", wie es sich ausgerechnet bei ihm in unserm Gleichnis findet, sollte hinreichend klarstellen, daß es ganz andere Dimensionen theologischer Reflexion als die ihm heute vielfach beigelegten sind, in denen Lukas sich bewegt, und daß er als Evangelist dabei einiges wagt. Auch sollte nicht übersehen werden, daß sein Gleichnis seine Leser gerade davor bewahren möchte, sich unter Verlaß auf Gottes Liebe oder auf seine Großzügigkeit egoistischen Spekulationen hinzugeben, welcher Art diese auch sein mögen. Lukas steht darin nicht unter, sondern neben Paulus, wenn auch – mit Recht – auf seine Weise. Wie Paulus ist er beides, Tradent und Zeuge, und nie das eine ohne das andere. Man sollte deshalb auch nicht bestreiten, daß er auch und gerade in der Erzählung von der Re-Investitur eines „verlorenen" Sohnes als einem Abbild für Gottes „väterliches" Handeln mit seinen selbstsüchtigen und törichten Kindern durchaus vollmächtig ein Stück des Erbes verwaltet, das Jesus selbst den Seinen hinterlassen hat.

Summary

Jesus' well-known parable of the Prodigal Son as told in the Lukan gospel (Luke 15, 11 ff.) is anything but an allegory. It provides an approach to a 'true-life story' with numerous allusions to life in the oriental surroundings of the writer which, however, were employed by him to serve a religious understanding he considered essential. The disclosing of these allusions to life and their importance for revealing the concern of Jesus has been the most prominent aim of this lecture.

The background of the story is a legal custom which was known and practised in Palestine at the time of Jesus but was abandoned during the first third of the 2nd century, at the latest, or possibly already in connection with the unsuccessful revolt of the Jews against the Romans in the years 60–70 A.D. This is the so-called $k^e s\bar{a}s\bar{a}h$ or $k^e s\bar{\imath}s\bar{a}h$, i.e. 'cutting-off' or 'separation'. This custom consisted of the following: a person – according to Jewish Law always a legally capable man – who had gotten himself into incurable conflict with the interests of his tribe was 'cut-off' in public, with the consequence that the formerly existing personal and material relation-ships were terminated and a radical personal isolation took its place leading to a very noticeable change in the status of the person concerned. Everything we know of this legal custom fits the framework of the story of the Prodigal Son. The welcome which the father bids his son upon his return home picks up in particular the special terminology of this legal custom: "My son was dead and has become alive again; he was lost and is found." This peculiar way of speaking does no longer sound strange when one considers the words and actions which were an integral part of this legal custom: A jar filled with roasted grain and nuts was smashed on the street in the presence of the gathered tribe i.e. in public. This action was accompanied by loud shouting which declared such and such a man to be now a 'separated one' or a 'lost one' and as such like a dead one. The contents of the jar fell to the children present in order that they always remember the event and its consequences even for future generations. Only when the man thus 'cut-off' amended his improper behaviour, was the return to his family possible for him.

In this story of the Prodigal Son the 'separation' was caused by the fact that the younger of two sons had demanded from his father his share of the inheritance and had squandered it carelessly abroad. In doing so he had irreparably damaged the patrimony, i.e. his family's property. This is why the son, when he had come to his senses and had determined to return, could not expect to be accepted back into the family. He aspires to the only hope left for him: A job as a (free) day-laborer on his father's estate, which will provide him with the bare essentials of life.

And now, when this son at his return addresses his father with the words: "Father, I have sinned before Heaven and you, I am no longer worthy to be called your son", his words are in accord with the facts of the case. This sentence, by the way, makes it clear that the father of the story is meant to be a true father and not 'God' in a hidden form, for the sentence clearly distinguishes the father from God who is designated by the paraphrase 'Heaven', as is common in Judaism. But exactly this very fact in the story is the essential requirement for the ways and means by which the father of the Prodigal Son, upon the son's return and his admission of guilt which he is not able to remove himself, calls for the cancellation of the $k^e\d{s}\bar{a}\d{s}ah$.

This cancellation of the $k^e\d{s}\bar{a}\d{s}ah$ takes place in the form of a proper re-investiture. Its elements are, first, the providing of the garment which the son used to wear in former times as proof of his sonship while he belonged to his father's house, which garment he therefore had to leave behind when the 'separation' was effected; second, the provision of the ring which is the sign of conferred and practised power or authority; and, third, the shoes which as a legal symbol are connected with the right of tenure. The legal symbolism of the three emblems was confirmed by way of extensive archaeological illustrations and references to literature of antiquity. At the same time it was possible to show by the whole atmosphere of this scene that it originally certainly belongs to a royal environment, just as the father's features are positively kinglike. In any case, the re-investiture has as its purpose the complete restitution of the 'prodigal son' to his former position as heir, including all rights and duties connected therewith. This restitution is – just like the $k^e\d{s}\bar{a}\d{s}ah$ whose consequences it cancels out – an authentic legal act entailing the thorough rehabilitation of a family member who had offended everything which is right and fair within the boundaries of a family community. The legal act through which this is effected thereby appears as a genuine act of grace. In this respect the story – as far as it is meant to be a parable – illustrates that divine act of pure grace by which God lets a 'sinner' who 'returns' be a just man on account of the later's confidence in the generosity of the former, just as if nothing contrary had happened. Expressed in theological terms the story therefore serves to illuminate that phenomenon between God and the sinner which is called the *justificatio impii*.

In conclusion the lecture deals with the pre-history of the parable. By citing the song of the pearl, wellknown from the gnostic Acts of Thomas, a monument of early Syrian Christianity, the lecturer helds it possible that in the parable of the Prodigal Son Jesus picked up a popular theme but altered it so that it would serve a central concern of his preaching, something which he probably did on other occasions as well.

Résumé

La parabole bien connue de l'enfant prodigue dans l'évangile selon St. Luc (Luc XV, 11 ss.), tout à fait différente d'une allégorie, ouvre plutôt l'accès à un « récit de la vie réelle », contenant une foule de détails empruntés à la vie quotidienne de l'auteur; cependant, celui-ci les a soumis à une connaissance religieuse qui lui paraissait essentielle. C'est à découvrir ces détails de la vie réelle et à montrer comment Jésus s'en est servi pour les desseins qu'il se proposait, que ce rapport-ci s'est attaché. L'arrière-plan du récit est une procédure exercée en Palestine au temps de Jésus que l'on abandonna, au plus tard, pendant le premier tiers du 2e siècle, mais peut-être déjà à la suite de la guerre judéo-romaine des ans 68–70 après Jésus-Christ qui ne portait pas de bonheur aux Juifs. Cette procédure, appelée $k^e s\bar{a}s\bar{a}h$ ou $k^e s\bar{\imath} s\bar{a}h$, en français « amputation » ou « séparation », s'exerce de la façon suivante: Une personne – suivant la loi juive ce n'est que l'homme qui participe à tous les droits – s'étant engagée dans un conflit insoluble avec les intérêts de son clan, est publiquement « amputée ». Le résultat en est que les liens personnels et réels existant jusqu'alors entre le clan et lui sont définitivement coupés, l'homme en question est rejeté dans un isolement personnel radical et son état social est notablement modifié. Tout ce que nous savons de cette procédure s'insère parfaitement dans le cadre formé par le récit de l'enfant prodigue. Ce sont en particulier les paroles du père recueillant le fils à son retour qui sont empruntées à la terminologie propre à cette procédure: « Car mon fils que voilà était mort et il est revenu à la vie; il était perdu et il est retrouvé. » Cette manière particulière de s'exprimer perd tout caractère étrange quand on sait comment se passait la cérémonie: le clan réuni brisait une jarre remplie de blé rôti et de noix en pleine rue, tout en poussant des cris, pour publier que tel ou tel était désormais séparé, perdu, c'est-à-dire mort au clan. Le contenu de la jarre devenait la part des enfants afin qu'ils conservassent le souvenir de cet événement et de ses conséquences, eux-mêmes ainsi que les générations futures. Seul dans le cas où il amendait son attitude scandaleuse, l'homme pouvait rentrer dans le clan. Dans le récit de l'enfant prodigue, la raison de la « separation » est que le frère cadet des deux frères, après avoir demandé au père sa part d'héritage, l'a légèrement dissipée à l'étranger. Par cela, il fit un tort irréparable aux biens paternels, c'est-à-dire aux biens patrimoniaux. C'est la raison exacte pour laquelle, même repenti et résolu à retourner, il ne peut espérer être accueilli par sa famille. Travailler comme journalier (libre) pour les besoins de sa vie dans la propriété de son père, c'est là toute son ambition; c'est tout d'ailleurs à ce qu'il peut s'attendre, c'est de cette situation que les paroles adressées par le fils au père tiennent compte: « Père, j'ai péché contre le Ciel et envers toi; je ne suis plus digne d'être appelé ton fils. » Du reste, c'est justement cette phrase qui nous donne clairement à entendre que le père du récit est un père réel et non pas Dieu sous un terme déguisé; car le terme de « Ciel », périphrase de Dieu usuelle chez les Juifs, distingue nettement Dieu du père d'ici-bas, ce qui est dans le récit la condition sine qua non pour comprendre comment, lorsque le fils rentre en confessant son offense qu'il ne peut réparer lui-même, la $k^e\d{s}\bar{a}\d{s}\bar{a}h$ est cassée par le père. Cette cassation de la $k^e\d{s}\bar{a}\d{s}\bar{a}h$ prend la forme d'une réinvestiture conforme aux règles dont la robe, l'anneau et les chaussures sont les trois parties intégrantes. Comme la robe le désignait comme fils pendant son appartenance à la maison paternelle, il avait du l'abandonner au moment de la « séparation », ainsi que l'anneau, signe de pouvoir accordé et exercé ou de plein pouvoir, et les chaussures qui symbolisent les droits de propriétaire. On put confirmer le symbolisme juridique de ces trois emblèmes par un matériel archéologique abondant et des témoignages littéraires antiques. En même temps, on put montrer que toute la nature de cette scène prouve que, originairement, elle se passait dans un milieu royal, tout comme la figure du père a les traits distinctifs d'un roi. En tout cas, la réinvestiture aboutit au rétablissement total du fils « perdu » dans son ancienne position de fils héritier avec tous les droits et devoirs qui en découlent. Elle est – tout comme la $k^e\d{s}\bar{a}\d{s}\bar{a}h$ dont elle abolit les effets – un acte légal explicite, effectuant la réhabilitation intégrale d'un membre de la famille qui a attenté à tout ce qui est équitable au point de vue de la communauté familiale. Comme ça, cet acte légal prend le caractère d'un acte de grâce. Le récit, en tant que parabole, donne donc une idée claire de cet acte divin de pure grâce par lequel Dieu justifie le « pécheur » qui « retourne » vers lui à cause de sa confiance en la bonté divine, comme si aucun obstacle ne s'était jamais dressé. Pour parler en théologien – le récit sert à éclairer ce qui se passe entre Dieu et le pécheur et ce qui s'appelle *iustificatio impii*.

Le référant finit par esquisser les préliminaires historiques de la parabole. En citant l'Hymne de l'Âme, partie fameuse des Actes de Thomas gnostiques qui sont un monument littéraire de l'église primitive de Syrie, il n'exclut pas la possibilité que Jésus ait emprunté la parabole de l'enfant prodigue à un récit populaire et, après l'avoir modifié, mis aus service d'un dessein central de son message, tout comme il l'avait déjà fait en d'autres matières.

Verzeichnis der Abbildungen

Titelbild: Palast von Mari, Saal 106: Investitur-Szene (?). Etwa 1758 v. Chr.
André Parrot, Mission archéologique de Mari: Le Palais, II: Peintures murales, Librarie Paul Geuthner, Paris 1958, Tafel A (nach der Kopie von J. Lauffray).

Abb. 1: Felsrelief unweit vom „Tor von Asien": Der Lulubäer-Fürst Annubanini vor der Göttin Ininna. Frühe zweite Hälfte des 3. Jahrtausends v. Chr.
Nach *Roman Ghirshman*, Iran (= Pelican Books A 239), Harmondsworth, Middlesex, 1954, Abb. 22.

Abb. 2: König Urnammu von Ur, vor Nanna und Ningal opfernd. Etwa 2200 bis 2100 v. Chr. Original im Museum der Universität von Pennsylvania, Philadelphia.
Nach *Hartmut Schmökel*, Ur, Assur und Babylon. Drei Jahrtausende im Zweistromland, Stuttgart 1955, Tafel 54.

Abb. 3: Gesetzesstele des Königs Hammurabi im Louvre in Paris. 18. Jahrhundert v. Chr.
Nach Cliché du Service de Documentation Photographique des Musées Nationaux, Paris, No. 66 du 2862.

Abb. 4: Stele aus Susa: Elamitischer Fürst vor seinem Gott. Zeit: nach 1350 v. Chr., Paris, Louvre.
Nach *André Parrot*, Sumer (=Universum der Kunst), München 1960, Abb. 397.

Abb. 5: Assyrische Elfenbeinskulptur aus Nimrud mit einer thronenden Frau (Königin) im Museum des Irak in Bagdad. 8. Jahrhundert v. Chr.
Nach *André Parrot*, Assur (=Universum der Kunst), München 1961, Abb. 189.

Abb. 6: Monument von Behistun mit dem thronenden König Dareios I. von Persien (522–486 v. Chr.).
Nach *Roman Ghirshman*, Iran: Die Achämeniden (=Universum der Kunst), München 1964, Abb. 246.

Abb. 7: Ahuramazda mit Ring in der geflügelten Sonnenscheibe (Monument von Behistun).
Nach *Hans Henning von der Osten*, Die Welt der Perser², Stuttgart 1956, Tafel 46.

Abb. 8: Grabmal des Antiochos I. von Kommagene (280–261 v. Chr.) auf dem Nimrut Dagh: Belehnungsszene zwischen Mithra und dem König. Zum fehlenden Mittelstück vgl. Abb. 9. Es handelt sich um ein festes Darstellungsschema. Nach *von der Osten*, a.a.O., Tafel 91.

Verzeichnis der Abbildungen

Abb. 9: Museum in Teheran: Artabanos V. (216–224 n. Chr.) belehnt einen Satrapen. Nach *Roman Ghirshman*, Iran: Parther und Sasaniden (= Universum der Kunst), München 1962, Tafel 70.

Abb. 10: Felsrelief von Naqsch-i-Rustam: Belehnung Ardaschirs durch Ahuramazda (nach 224 n. Chr.).
Nach *von der Osten*, a.a.O. Tafel 97.

Abb. 11: Dasselbe Monument wie in Abb. 10, aber in seiner Umgebung.
Nach *Ghirshman*, a.a.O., (s. zu Abb. 1), Tafel 43a.

Abb. 12: Bemalte Scherbe aus Ramat Rachel bei Jerusalem: König Jojakim von Juda (?). Ausgehendes 7. Jahrhundert v. Chr.
Nach *Yohanan Aharoni*, Excavations at Ramat Rahel. Seasons 1959 and 1960, Rom 1962, Tafel 28.

Abb. 13: Dasselbe.
Nach *Aharoni*, a.a.O., Abb. 30a (Nachzeichnung).

Abb. 14: Miniatur aus Ms. grec. 74, fol. 143r (11. Jahrhundert), Paris, Bibliothèque Nationale.
Photo: Bibliothèque Nationale, Paris.

Abb. 15: Tetraevangel. Pluteus VI Cod. 23, fol. 141v (12. Jahrhundert), Florenz, Biblioteca Mediceo Laurenziana.
Photo: G. P. Pineider, Florenz.

Abb. 14 und 15: Vgl. *Ewald Vetter*, Der verlorene Sohn. Lukas-Bücherei zur christlichen Ikonographie, Band VII, Düsseldorf 1955, Tafel 1 und 2.

Abb. 1: Felsrelief des Lulubäers Annubanini

Abb. 2: König Urnammu von Ur beim Opfer

Abb. 3: Hammurabi vor dem Gott Schamasch

Abb. 4: Ein elamitischer Fürst vor seinem Gott

Abb. 5: Assyrische Elfenbeinskulptur

Abb. 6: Dareios I. thronend mit Ring und Stab

Abb. 7: Ahuramazda in der geflügelten Sonnenscheibe

Abb. 8: Belehnungsszene mit Mithra und Antiochos I. von Kommagene

Abb. 9: Belehnung eines Satrapen durch Artabanos V.

Abb. 10: Investitur Ardaschirs durch Ahuramazda

Abb. 11: Belehnung Ardaschirs (Gesamtaufnahme)

Abb. 12: Thronender judäischer Fürst (?) auf Scherbe aus Ramat Rachel

Abb. 13: wie Abb. 12 (Nachzeichnung)

Abb. 14: Re-Investitur des Verlorenen Sohnes
Byzantinische Handschrift, 11. Jh., Paris

Abb. 15: Der Verlorene Sohn wird wiederaufgenommen
Byzantinische Handschrift, 12. Jh., Florenz

VERÖFFENTLICHUNGEN DER ARBEITSGEMEINSCHAFT FÜR FORSCHUNG DES LANDES NORDRHEIN-WESTFALEN

Neuerscheinungen 1965 bis 1967

AGF-G Heft Nr. GEISTESWISSENSCHAFTEN

101	*Ivor Jennings†, Cambridge (England)*	Die Umwandlung von Geschichte in Gesetz
120	*Eleanor von Erdberg-Consten, Aachen*	Kunst und Religion in Indien, China und Japan
122	*Franz Wieacker, Göttingen*	Zum heutigen Stand der Naturrechtsdiskussion
123	*Bernhard Kötting, Münster*	Der frühchristliche Reliquienkult und die Bestattung im Kirchengebäude
124	*Günther Stökl, Köln*	Das Bild des Abendlandes in den altrussischen Chroniken
125	*Joseph Höffner, Münster*	Selbstverständnis und Perspektiven des Zweiten Vatikanischen Konzils
126	*Jost Trier, Münster*	Wortgeschichten aus alten Gemeinden
127	*Herbert Dieckmann, Cambridge (USA)*	Die künstlerische Form des Rêve de D'Alembert
128	*Hans Welzel, Bonn*	An den Grenzen des Rechts. Die Frage nach der Rechtsgeltung
129	*Paul Mikat, Düsseldorf*	Das Verhältnis von Kirche und Staat im Lande Nordrhein-Westfalen in Geschichte und Gegenwart
130	*Ernst Langlotz, Bonn*	Die kulturelle und künstlerische Hellenisierung der Küsten des Mittelmeers durch die Stadt Phokaia
131	*Harry Westermann, Münster*	Das Verhältnis zwischen Bergbau und öffentlichen Verkehrsanstalten als Gegenstand richterlicher und gesetzgeberischer Bewertung
132	*Werner Schulemann, Bonn*	Die Kunst Zentralasiens als Ausdrucksform religiösen Denkens
	Walther Heissig, Bonn	Tibet und die Mongolei als literarische Provinzen
133	*Tilemann Grimm, Bochum*	China und Südostasien in Geschichte und Gegenwart
136	*Gotthard Günther, University of Illinois (USA)*	Logik, Zeit, Emanation und Evolution
137	*Karl Heinrich Rengstorf, Bonn*	Die Re-Investitur des Verlorenen Sohnes in der Gleichniserzählung Jesu Luk. 15, 11-32
138	*Gerhard Gloege, Bonn*	Die Todesstrafe als theologisches Problem
139	*Joseph Ratzinger, Tübingen*	Das Problem der Dogmengeschichte in der Sicht der katholischen Theologie
140	*Herbert von Einem, Bonn*	Masaccios „Zinsgroschen"

AGF-WA WISSENSCHAFTLICHE ABHANDLUNGEN
Band Nr.

1	Wolfgang Priester, Hans-Gerhard Bennewitz und Peter Lengrüßer, Bonn	Radiobeobachtungen des ersten künstlichen Erdsatelliten
2	Joh. Leo Weisgerber, Bonn	Verschiebungen in der sprachlichen Einschätzung von Menschen und Sachen
3	Erich Meuthen, Marburg	Die letzten Jahre des Nikolaus von Kues
4	Hans-Georg Kirchhoff, Rommerskirchen	Die staatliche Sozialpolitik im Ruhrbergbau 1871–1914
5	Günther Jachmann, Köln	Der homerische Schiffskatalog und die Ilias
6	Peter Hartmann, Münster	Das Wort als Name (Struktur, Konstitution und Leistung der benennenden Bestimmung)
7	Anton Moortgat, Berlin	Archäologische Forschungen der Max-Freiherr-von-Oppenheim-Stiftung im nördlichen Mesopotamien 1956
8	Wolfgang Priester und Gerhard Hergenhahn, Bonn	Bahnbestimmung von Erdsatelliten aus Doppler-Effekt-Messungen
9	Harry Westermann, Münster	Welche gesetzlichen Maßnahmen zur Luftreinhaltung und zur Verbesserung des Nachbarrechts sind erforderlich?
10	Hermann Conrad und Gerd Kleinheyer, Bonn	Vorträge über Recht und Staat von Carl Gottlieb Svarez (1746–1798)
11	Georg Schreiber†, Münster	Die Wochentage im Erlebnis der Ostkirche und des christlichen Abendlandes
12	Günther Bandmann, Bonn	Melancholie und Musik. Ikonographische Studien
	Wilhelm Goerdt, Münster	Fragen der Philosophie. Ein Materialbeitrag zur Erforschung der Sowjetphilosophie im Spiegel der Zeitschrift „Voprosy Filosofii" 1947–1956
14	Anton Moortgat, Berlin	Tell Chuēra in Nordost-Syrien. Vorläufiger Bericht über die Grabung 1958
15	Gerd Dicke, Krefeld	Der Identitätsgedanke bei Feuerbach und Marx
16a	Helmut Gipper, Bonn, und Hans Schwarz, Münster	Bibliographisches Handbuch zur Sprachinhaltsforschung, Teil I, Schrifttum zur Sprachinhaltsforschung in alphabetischer Folge nach Verfassern – mit Besprechungen und Inhaltshinweisen (Erscheint in Lieferungen: bisher Bd. I, Lfg. 1–7; Lfg. 8)
17	Thea Buyken, Bonn	Das römische Recht in den Constitutionen von Melfi
18	Lee E. Farr, Brookhaven, Hugo Wilhelm Knipping, Köln, und William H. Lewis, New York	Nuklearmedizin in der Klinik. Symposion in Köln und Jülich unter besonderer Berücksichtigung der Krebs- und Kreislaufkrankheiten
19	Hans Schwippert, Düsseldorf, Volker Aschoff, Aachen, u. a.	Das Karl-Arnold-Haus. Haus der Wissenschaften der Arbeitsgemeinschaft für Forschung des Landes Nordrhein-Westfalen in Düsseldorf. Planungs- und Bauberichte (Herausgegeben von Leo Brandt, Düsseldorf)
20	Theodor Schieder, Köln	Das deutsche Kaiserreich von 1871 als Nationalstaat
21	Georg Schreiber†, Münster	Der Bergbau in Geschichte, Ethos und Sakralkultur
22	Max Braubach, Bonn	Die Geheimdiplomatie des Prinzen Eugen von Savoyen
23	Walter F. Schirmer, Bonn, und Ulrich Broich, Göttingen	Studien zum literarischen Patronat im England des 12. Jahrhunderts
24	Anton Moortgat, Berlin	Tell Chuēra in Nordost-Syrien. Vorläufiger Bericht über die dritte Grabungskampagne 1960
25	Margarete Newels, Bonn	Poetica de Aristoteles traducida de latin. Ilustrada y comentada por Juan Pablo Martir Rizo (erste kritische Ausgabe des spanischen Textes)
26	Vilho Niitemaa, Turku, Pentti Renvall, Helsinki, Erich Kunze, Helsinki, und Oscar Nikula, Åbo	Finnland – gestern und heute

27	*Ahasver von Brandt, Heidelberg,* *Paul Johansen, Hamburg,* *Hans van Werveke, Gent,* *Kjell Kumlien, Stockholm,* *Hermann Kellenbenz, Köln*	Die Deutsche Hanse als Mittler zwischen Ost und West
28	*Hermann Conrad,* *Gerd Kleinheyer, Thea Buyken* *und Martin Herold, Bonn*	Recht und Verfassung des Reiches in der Zeit Maria Theresias. Die Vorträge zum Unterricht des Erzherzogs Joseph im Natur- und Völkerrecht sowie im Deutschen Staats- und Lehnrecht
29	*Erich Dinkler, Heidelberg*	Das Apsismosaik von S. Apollinare in Classe
30	*Walther Hubatsch, Bonn,* *Bernhard Stasiewski, Bonn,* *Reinhard Wittram, Göttingen,* *Ludwig Petry, Mainz, und* *Erich Keyser, Marburg (Lahn)*	Deutsche Universitäten und Hochschulen im Osten
31	*Anton Moortgat, Berlin*	Tell Chuēra in Nordost-Syrien. Bericht über die vierte Grabungskampagne 1963
32	*Albrecht Dihle, Köln*	Umstrittene Daten. Untersuchungen zum Auftreten der Griechen am Roten Meer
33	*Heinrich Behnke und* *Klaus Kopfermann (Hsgb.),* *Münster*	Festschrift zur Gedächtnisfeier für Karl Weierstraß 1815–1965
35	*Otto Sandrock, Bonn*	Zur ergänzenden Vertragsauslegung im materiellen und internationalen Schuldvertragsrecht. Methodologische Untersuchungen zur Rechtsquellenlehre im Schuldvertragsrecht
36	*Iselin Gundermann, Bonn*	Untersuchungen zum Gebetbüchlein der Herzogin Dorothea von Preußen
37	*Ulrich Eisenhardt, Bonn*	Die weltliche Gerichtsbarkeit der Offizialate in Köln, Bonn und Werl im 18. Jahrhundert

Sonderreihe
PAPYROLOGICA COLONIENSIA

Vol. I *Aloys Kehl, Köln*		Der Psalmenkommentar von Tura, Quaternio IX (Pap. Colon. Theol. 1)

SONDERVERÖFFENTLICHUNGEN

Herausgeber: Der Ministerpräsident des Landes Nordrhein-Westfalen – Landesamt für Forschung –	Jahrbuch 1963, 1964, 1965 und 1966 des Landesamtes für Forschung

Verzeichnisse sämtlicher Veröffentlichungen der Arbeitsgemeinschaft
für Forschung des Landes Nordrhein-Westfalen können beim
Westdeutschen Verlag, 567 Opladen, Ophovener Str. 1-3, angefordert werden.